「上司」という病

片田珠美

青春新書
INTELLIGENCE

はじめに

どんな職場にも「困った上司」「迷惑な上司」というのはいるものだ。

・自分が絶対正しいと思い、他人の意見を聞かない。
・大事なことを自分で決められない。
・仕事を部下に任せられない。
・仕事を部下に丸投げする。
・部下の手柄は自分のものにするくせに、責任は取らない。
・相手の時間やコストを考えない。
・説教、自慢話が長い。
・暴言を吐く。
・自分は特別だと思っている。特別扱いされないと気が済まない。

などなど、困った上司のパターンを挙げていったらキリがない。

なぜ世の中にはこんなにも「困った上司」が多いのだろうか。もっと「まともな人」を課長や部長にすることはできなかったのか、と心底不思議がっている人も多いだろう。

しかしはっきり言って、それはなかなかむずかしい話なのだ。

なぜなら「困った上司」というのは、個人の性格や人間性だけでなく、「上の立場」というポジション自体の問題が大きく影響しているからだ。

一旦冷静になって、あなたの周りを見渡してみてほしい。

すると、「あの部長、若い頃はそこまでひどい人じゃなかったのに、部長になったら人が変わっちゃったよね……」「昔はあんな人じゃなかったのに……」という人が浮かんでこないだろうか。

あるいは、「あの人、上司じゃなかったら別に問題ないんだけど、自分の上司となるといろいろ困っちゃうんだよね……」とか「個人としてはいい人なんだけど、リーダーとしてはちょっと……」という人もいるだろう。

つまり、最初はまともだと思っていた人でも「上の立場」に立ってしまうと、簡単に「困った上司」「迷惑上司」へと変貌してしまう。

それこそが本書のテーマである「上司という病」だ。

▼人は「上に立つ」とバカになる

たとえば、上司のなかには「自分が絶対正しい」「オレの言う通りにしていれば間違いない」と言う人がいる。典型的な「他人の意見を聞かない上司」だ。

なぜ、こんな上司が誕生してしまうのかと言えば、理由はじつに単純だ。

「そう言える立場」になってしまったからだ。

部下の時代に「私の意見が正しいんです」「だから、私の企画を通してください」なんていくら言っても、上司から「いや、それはダメだ」と言われたらそれでおしまいだっただろう。

ところが、上司になると「私はこう思う」「私の考えはこうだ」なんて一言言うと、とりあえずみんなが聞いてくれる。聞いてくれるどころか「そうですね、○○部長の言う通りだと思います」「やはり○○専務のお考え通りに進めましょう」なんて言い出す人がゴロゴロ出てくる。

そんな環境に身を置いていれば、「自分の意見は正しいんだ」「みんなが私の判断を求めている」と考える（あるいは、勘違いする）のも当然の話。

本当は「上司という立場」がパワーを発揮しているに過ぎないのだが、人間、そんな立場に長く身を置いていると、どうしたって「自分ってすごいのかな……」「オレの言うことって正しいよな……」と勘違いするようになる。

まさに、これが「上司という病」。「上司になる前はあんな人じゃなかったのに……」と周りはみんな思うだろうが、致し方ない話なのだ。

▼上司限定のお得な〝特権〟

そのほか、上司（上の立場に立つ人間）には〝お得な特権〟がたくさんついてくる。

誰だって仕事をしていれば、「ああ、こんな面倒な作業やりたくないな」「なんで、こんなバカげた仕事を私がやらなきゃいけないんだ」と思うことがあるだろう。それが普通だし、それが仕事というものだ。

ところが、上司になると「ちょっと○○さん、これを明日までにやっといてくれないかな」と一言言えば、仕事を放り投げることができる。

私が過去に勤務していた病院でも、ややこしい患者を若い医師に押しつけたり、面倒な書類づくりをほかのスタッフに丸投げしたりする偉い先生は何人もいた。どんな企業、組織にもいるタイプだろう。

振られたほうは「面倒な仕事を他人に押しつけやがって……」と思うところだが、当の本人は「そもそも、そんなものは私の仕事じゃない」「私はもっと、レベルの高い仕事をしているんだ」と本気で思っていることが多い。勘違いも甚だしい。

しかし、この特権意識も「上司という病」の一つであり、「イヤな仕事を他人にやらせることができる」というのは、上司に与えられた〝お得な特権〟の一つなのだ。

そうやって考えていくと、上司（上の立場の人）が得ている特権はたくさんある。

自分の好きな人を集めて、嫌いな人間を遠くへ追いやることもできるだろうし、「これはやばそうだな……」「責任が降りかかってきたら面倒だな……」という案件については自分で判断せず、部下に丸投げすることもできる。飲み会で自慢話をすれば、みんなが聞いてくれるし、職場では自分の好きなタイミングで世間話をすることもできる。

人によっては多くのお金を自由に使えるだろうし、他人の時間を考えず、終業時間間際になって「これを明日の朝までによろしく」なんてむちゃ振りすることもできる。

そんな特権だらけの立場になれば、どんな人だって「上司という病」に侵され、おかしくなってしまうのだ。

▼暴走を「支える」のは部下

問題は、そういった「迷惑な上司」の被害をこうむっているかにみえる部下の立場の人間たちが、実は彼らの暴走を〝助長〟してしまっているところにある。

「え、そんなつもりはない」なんて思うかもしれない。しかし、日本という社会、そして会社という組織に属している以上、多くの人は意図せず助長している。

詳しくはこの本の中で読み解いていくが、そういう〝構造〟になってしまっているのだ。

だからこそ、「迷惑な上司」はいつの時代も、どんな場所にでも生まれ続け、そして部下である人間は彼らとの関係に苦労することになる。

そんな八方塞がりの状態で、一体どう対処すればいいのだろうか。

「上」との関係に悩む人も、自分が「上」であり、我が振りを省みたい人も、この病との正しい付き合い方を知りたいだろう。

ここで、少し先行して種明かしをすると、それは「賢いイエスマン」になれ、ということである。これは、決して上司に媚びへつらう人間でも、上司の望む答えだけを返す人間でもない。いわゆる普通のイエスマンとは違い、彼らの心の奥にある「生理的な欲求」を理解し、それを満たしつつ、同時に自分を守れる人間でもある。

単純なイエスマンに徹していれば、上司に嫌われることはないだろう。しかし、その代償として、自分の時間や行動、そして人生までも他人に委ねることになりかねない。私がこの本でお伝えしたいのは、自分の意思を守りつつも、同時に上の人間とも上手くやっていくやり方だ。そのためには、「上の立場」が人をどう変えてしまうのかを理解し、その上で彼らが満たしたがっている欲求とは何なのかを知らなければならない。

本書では、そんな「上司という病」の実態や「困った上司」のパターンをたくさん紹介しつつ、さまざまな角度から彼らの精神構造を分析してみたいと思う。

いったい「困った上司たち」はどんな心理状態で、その迷惑ぶりを発揮しているのか。あるいは、「迷惑な上司たち」というのは、どのような環境、社会的なバックグラウンドのなかで生まれ、はびこっていくのか。

そんな彼ら、彼女らの実態を分析した上で、「では、実際にどのように向き合っていけばいいのか」という対処法を考えてみたい。

▼会社の外にも〝上司〟は蔓延る

また本書では、会社の外にも存在する「上司」についても言及している。

実は、上司という病は、会社の中にいる人間にだけ表れるものではない。「反論されない立場にある人」「他人を従わせる力を持っている人」など、会社の中にいる上司と同じく、〝上の立場〟を利用できる環境にある人間にも発症しうるのだ。

「年上だから」「お客さまだから」「得意先だから」「親だから」といった相手の立場を考えて、口をつぐんだ経験は誰にでもあるだろう。「立場を利用して、反論できない相手に、好き勝手言う」という意味では、こういった立場にある人間も上司とよく似た側面が多いのだ。

そんな彼らの心理状態についてもひもといてみたい。

さらに後半では「上の立場にしがみつく」という意味で老害の問題にも触れながら、「上司という病」の末路についても語っていく。

会社組織にいる人はもちろん、人が集まる社会に生きている限り、どんな人も「上司という病」と無縁ではいられない。

あなた自身が、まさに今「困った上司」「迷惑な上役」に苦しめられているかもしれないし、「あんなヤツには絶対なりたくない」と思っていた上司に、五年後、一〇年後にあなた自身がなっているかもしれないのだ。

そんな「困った上司」とうまくつきあっていくためにも、そして、あなた自身が「迷惑上司」にならないためにも、ここらで一つ「上司という病」について詳しく知っておいてほしいと思う。

二〇一五年　一〇月

片田　珠美

目次

第2章　なぜ、「上に立つ」とバカになるのか

第3章　〝暴走〟行為を繰り返す人の心理

第4章　誰も上司という病を止められないワケ

第6章 「老害」という哀しき末期症状

第7章　病に侵されないために――タイプ別・処方箋

第1章

日本の見えない〝国民病〟——上司という病

▼なぜ、〝あんなヤツ〟が上司なのか

あなたの周りにも「本当に困った上司」が一人や二人はいるだろう。

「なぜ、こんな人が上司なんだ……」「どうして、こんなヤツが課長になったのか！」と腹立たしくなる存在だ。

そして、たまに耳にするのが「あの人、課長になる前はそんなにひどい人じゃなかったのに……」「出世すると、人って変わってしまうんだね……」という声。

果たして人は「上の立場」になると変わってしまうものなのだろうか。

精神分析の専門家の立場からすると、これについては、半分は「イエス」で、半分は「ノー」だと言いたい。

たしかに、立場が上がることで言動が変わっていく人は多い。なかには性格までまるっきり変わってしまう人もいる。謙虚だと思っていた人が、びっくりするほど偉そうな態度に豹変するケースを実際に私も何度も見てきた。

しかし、そういう人たちは本当に「変わってしまった」のだろうか。むしろ私は「本性

が出てきた」と捉えるほうが正確だと思っている。もともと持っていたものが、上司になることで表に出てきてしまっただけの話。

ここでぜひとも理解してほしいのだが、そもそも「上司になる」「上の立場に立つ」というのは「何かが許される立場になる」ということにほかならない。

「偉そうなことを言っても許される」「約束を破っても許される」「自分の好きな人をそばに置いて、嫌いなヤツを遠くへやっても許される」「お金を使っても許される」「長々と自慢話をしても許される」など、程度の差こそあれ、上の立場になることで「許されるようになること」はとても多い。

じつは、これこそが「上司という病」の元凶なのだ。

そもそも人は「好き勝手が許されない」からこそ、自分を律して、きちんとすることができる。

たとえば、誰だって部下の時代は「言いたいことをズバズバ言う」なんてことはほとんど許されなかっただろう。それがどんなに正しいことであっても、自分の好きなタイミングで、言葉を選ばずに発言できるなんてことはまずあり得ない。

だから、多くの人は言葉を選び、タイミングを計り、相手の心情を慮って、角が立たないよう慎重に発言する。ときには（本当は正しいと思っている）自分の意見を引っ込めて、相手を立てることだってあるだろう。それが当たり前なのだ。

ところが、ひとたび上司になってしまうと、それらが軒並み許されてしまう。

考えてみれば恐ろしい状況だ。そんな環境に置かれれば、どんな人だって「変わってしまう」（あるいは、本性が出てきてしまう）のも当然の話。

これによって多くの人が「上司という病」に侵されてしまうのだ。

まずはこの大原則を理解した上で、迷惑な上司、上の立場の人間たちの「困った言動」「愚かな生態」を検証してみよう。

これまで、会社などで迷惑な上司の失態や横暴ぶりを目にすると、往々にして「なぜ、こんな当たり前のことがわからないのか」「少しでも考えれば、こんな行動はとらないはずだ」などと疑問に思うことがあったかもしれない。これから紹介する事例の背景を見ていくと、その疑問が氷解するはずだ。

と同時に、これらの問題行動は、上司という立場が引き起こすものである以上、誰の身にもおこりうることでもある。反面教師的にではあるが、「人の上に立つ」ということが、いかに恐ろしい状況であるか、身にしみてくるはずだ。

▼上司は「勘違い」する生き物

野球評論家の張本勲《はりもといさお》氏がJリーガーの三浦知良《みうらかずよし》選手に対して「引退したほうがいい」と発言したことで話題になったのを覚えている人も多いだろう。ワールドカップで準優勝したなでしこジャパンに「二位では意味がない」とコメントしたことと併せて記憶している人もいるかもしれない。

張本氏らしいといえばこれほど「らしい」発言はないのだが、そんなことを言ったら世間のバッシングを受けることくらいわかりそうなものなのに、当の本人だけは嬉々としてそんな発言をしてしまう。

いったいなぜだろうか。

理由はいたって簡単。周りが容認するからだ。

張本氏が好き勝手なことを言えば言うほど、周りは喜び、守り立てる。そうやって守り立てられると、本人も「こんなことを言っていいんだ」「こんなことを言うと、周りが喜んでくれるんだ」ということを無意識に学んでしまう。

冷静かつ客観的に考えれば、かつてのプロ野球の名選手で、その業界の重鎮である張本氏が何かを言えば（その内容がどうであれ）周りの人たちは受け入れ、守り立てるに決まっている。そもそも、そういう立場なのだ。

しかし、当の本人だけは「みんながオレの立場に気を使って、過剰に喜んでくれている」とは夢にも思わない。純粋に「オレの意見が喜ばれている」「みんなが楽しんでいる」と勘違いして、揚げ句の果てには「キング・カズは引退したほうがいい」なんてトンチンカンなコメントをしてしまう。

本人にももちろん問題はある。

しかし、この場合、周囲の責任もかなり大きいだろう。

「周りが過剰に守り立てるから、本人が勘違いして、好き放題に言うようになる」というのはどんな組織でも起こる「上司という病」の一つなのだ。

▼「自分だけはＯＫ」という思い込み

一般の会社でも、社長や専務、部長が何かを発言すると（内容とは関係なく）「たしかに、その通りですね」「おっしゃる通りです」と賛同する取り巻きが大勢いるだろう。

あるいは、会社の偉い人が「アイツの言ってることはおかしいんじゃないか」なんて一言言うと、すぐにその人を処分したり、謝罪させたりするケースもある。

そうやって、周りが守り立て、持ち上げるものだから、上司である本人は「自分はそういう立場にある」「何を言っても許される」「自分の思い通りになる」と感じるようになってしまうのだ。

茨城県八千代町の七七歳になる町長が、歌謡ショーの客席で隣にいた女性にセクハラをしたというニュースを覚えている人もいるだろう。町長側も最初は真っ向から否定していたものの、ステージ上で女性演歌歌手の着物の胸元を両手で開き、中をのぞき込んで二万円を押し込もうとしている写真が公表され、言い逃れができなくなったというニュースだ。

セクハラ自体が大問題であることは言うまでもない。

しかし本書のテーマとしては「こんなことが日常的に許されていた」という状況の方に着目したい。

そもそも女性に性的な嫌がらせをするなんて、誰がどう見たって問題なのは明らかだ。ましてて町長がそんなことをしていたら、問題になることは目に見えている。

ところが、酒の席とか、何かの会合の場とかで「まあまあ、町長、それくらいにしておいて……」なんて笑いながら穏やかに制止する人はいたとしても、真剣に非難したり、注意したりする人はいなかったのだろう。

事実上、そんな行為が日常的に許されていたのだ。

この「日常的に許されている」という状況が、本人の勘違いを生み、エスカレートさせていくケースは本当に多い。

少し前の話になるが、二〇一一年七月に当時の復興大臣が宮城県知事のところを訪れた際に「県知事が先に部屋で待機して、出迎えるべきなのに、そうしなかった」とブチ切れたというニュースがあった。

そして、こともあろうにこの復興大臣は、自分がブチ切れたことについて、その場にいた報道陣に向かって「今の最後の言葉はオフレコで。書いたらその社は終わりだから」と言ってのけたのだ。ところが、この一連の騒動を東北放送がニュースで取り上げ、明るみに出たということがあった。

県知事が出迎えなかったことに腹を立てるなんて、まさに特権意識の塊で、これもまた「上司という病」の一側面なのだが、このご時世、報道陣に向かって「最後の言葉はオフレコで。書いたらその社は終わりだから」なんて脅しが通用すると思っていること自体、時代錯誤も甚だしい。地元テレビ局が報道しなくたって、関係者の誰かがツイッターでつぶやけば、それだけで瞬く間に拡散していただろう。

だが、この大臣がこんな言い方をしているところを見ると、そういうやり方が「けっこううまかり通ってきた」という証明でもある。

どんなに傍若無人な振る舞いをしても「これはオフレコだから」なんて一言で闇に葬り去って、許され続けてきたのだろう。

そんな「許される環境」があるからこそ「上の人間」はどんどん増長していってしまうのだ。

身近な例で言えば、「誰かを怒鳴る」「不機嫌な態度でいる」という行為だって根本は同じ構造である。

誰かを怒鳴り散らしたり、いつも不機嫌な態度で、周囲にストレスをかけている上司がよくいるだろう。

しかし、自分が部下の立場なら、どんなに腹を立てたって、オフィスで誰かを怒鳴り散らすなんてことはできない。そんなことをしたら、すぐに居場所がなくなってしまうだろう。

もっとも、そのオフィスの中で「自分が一番偉い」ということになると「許される環境」ができ上がり、態度が変わってしまう。書類を投げつけようが、机を叩こうが、怒鳴りつけようが、それらの行為が（少なくともその現場では）許されることになる。

そうやってタガが外れ、どんどん自分勝手に、傍若無人になっていってしまうのだ。

▼シゴキが伝統化するワケ

「その部屋の中で自分が一番偉い」という話が出たところで、もう一度張本氏のケースを考えてみたい。このケースには、もう一つ重要なポイントが隠れているからだ。

張本氏の問題発言の場となったＴＢＳ系列のサンデーモーニングという番組には、以前は「大沢親分」の愛称で親しまれた故・大沢《おおさわ》啓《けい》二《じ》氏が出演していた。張本氏の大先輩にあたる人物だ。

じつは大沢親分が出演していた時代には、張本氏の発言がこれほど問題になることはほとんどなかった。大沢親分の前で、張本氏がことさらに異を唱えたり、好き勝手な発言をしたりすることなど許されなかったからだ。

これもまた「上司という病」の典型パターンで、上が抜けることで、一気に羽を伸ばすようになり、言動が変わってしまうのだ。

運動部の先輩・後輩の関係によく見られるのだが、そもそも後輩にとっての先輩は絶対的な存在で、どんなに理不尽なことをされようが、反論することなど許されない。暴言を吐かれたり、暴力を受けたり、パシリをさせられたりするなど、たいていひどい扱いを受けるものだが、黙って耐えるしかない。

そして、そういう扱いを受ければ受けるほど、上が抜けて「自分がその立場」になった際には、同じことを繰り返すようになる。

心理学的には「置き換え」とか「攻撃者への同一化」という言葉で表される現象だが、自分が受けた嫌な行為を、別の対象へと置き換え、今度は自分が攻撃者となって相手にダメージを与え始めるのだ。

この「置き換え」と「攻撃者への同一化」というのもまた、じつにやっかいな問題だ。

そもそも、彼らの頭の中には「自分たちもそうやって育ってきたのだから……」という思いがあって、運動部に根強く残るシゴキや体罰も「オレたちもやられてきたんだから……」「そうやって強くなってきたんだから……」というふうに自己正当化しようとする。だからこそ、上が抜けると自分も同じように（ときには、もっとエスカレートして）行動するようになってしまうのだ。

これは運動部に限らず、さまざまなところで見られる現象だ。

たとえば、嫁姑問題。

嫁をいびる姑というのは、たいていは自分もかつてひどい仕打ちをされていて「嫁というのはそういうもの」という強い思い込みに縛られている。「自分も苦労してきたのだから……」と正当化して、自分を攻撃者と同一化しやすい。

会社組織の中でも、厳しい上司に鍛えられた人ほど、その人が上司になると部下を厳しく指導する傾向は強くなる。もちろん、これが「指導」という範疇《はんちゅう》に収まっているならいいのだが、往々にしてそうはいかない。

私が聞いた話では、ある雑誌の編集長（女性・四〇代）は、編集部員が出してくる企画に対して「自分が好きな人の企画は通し、嫌いな人の企画は絶対に通さない」という方針を貫いているらしい。どんな組織にも、よくいる上司のパターンだろう。

しかしよくよく聞いてみると、その編集長自身が上司に嫌われてなかなか企画を通してもらえなかったり、「女性だから」という理由だけで軽んじられたりした辛い過去があったようだ。

そうやって苦労して出世してきたからこそ、自分が上の立場になると「自分がやられて嫌だったこと」を率先してやってしまうのだ。

はたから見れば、「自分がされて嫌だったことなんだから、やめればいいのに……」と思うところだが、人間そう簡単にはいかない。「置き換え」や「攻撃者への同一化」というのはどんな人でもやってしまう、人間の持つ精神構造の一つだからだ。

これもまた「上司という病」の一つと捉えるべきだろう。

▼「歴史に名を残したい」病

自分を出迎えなかった県知事にブチ切れた復興大臣のところでも少し触れたが「自分は特別な存在だ」という特権意識を持っているのも「上司という病」の典型パターンの一つ。

身近なところで言えば、部下があいさつをしないと怒るのに、自分はまともにあいさつしない上司がいるだろう。結局、これも「オレは、オマエらとは違う立場の人間だ」ということをアピールしている特権意識の表れだ。

あるいは、部下が何かしらの報告に来ているのに、その部下のほうを見もしないで、パソコンの画面を見ながら「ふん、ふん」とテキトーに応対する上司も同じ。「自分と相手の立場の差を見せつけたい」という思いが表出しているケースだ。これも特権意識の表れの一つと言えるだろう。

そもそも、人は何かしらの力を持つと「オレはこんな力を持っているんだ」と誇示したくなる生き物だ。周りから慕われ、尊敬され、充実した人生を送っている人はわざわざ誇示する必要はないのだが、そうでない人たちは「オレは、こんなに凄いんだ!」「オマエらとは違うんだ」とことさらにアピールしないと自己愛が保てないからだ。

東京オリンピックを見据えた新国立競技場の建設では、森元総理が『森喜朗《しんきろう》古墳』なんて揶揄《やゆ》されたが、彼の行動を見ていると「とにかく、自分の力を見せつけたい」という思いが透けて見える。

端的に言えば、歴史に名を残したいだけだ。

自身が総理時代、何かしらの功績を残せていれば、そこで満たされるものもあっただろうが、残念ながら望む結果は得られなかった。そのため、いつまでたっても気持ちの収まりがつかないのだ。

特権意識が強く、自らの力を誇示したい人にとって「歴史に名を残す」というのは、これ以上ない快感であることは間違いない。この先何十年もたったあと、「このスタジアムは森さんの尽力によって、こんなに立派になったんだよ」なんて語り継がれることになったら、こんなに気持ちのいいことはないだろう。

そういう意味では、安倍晋三《あべしんぞう》首相が憲法改正を悲願にして、安保関連法案を何とか成立させようとしたのも理解できる。（法案の是非は別としても）「自分の政権下で何とか実現したい」と躍起になり、過剰に急ぐ様子を見るにつけ、「ああ、この人も歴史に名を残したいんだなぁ」と思ったものだ。

それだけ自己愛が強いということだ。

ちなみに、フロイトは「ナルシズム入門」の中で「自己愛は自我の不滅性を願う」と述べている（中山元編訳『エロス論集』ちくま学芸文庫所収）。フロイトが述べている通り、「自我の不滅性」（すなわち、歴史に名を残す）というのは、自己愛が強い人たちにとっては最高のご褒美《ほうび》なのだ。

▼モンスター高齢者はかくして生まれる

立場こそ「上司」ではないが、多くの高齢者が特権意識を持っていることも、あえてここで触れておきたい。

たとえば、電車の中で若者が席に座っていると、「いい若いもんが座ってないで、席を譲れ!」と思っている高齢者は少なくないだろう。

マナーとしては、それが間違っているとは言わない。しかし、「高齢者なんだから、特別扱いしろ」という発想自体は特権意識以外の何ものでもない。

団塊の世代を含め、それより上の世代の人たちは「自分たちは苦労してきた」「日本の高度成長を支えてきた」というある種の自負を持っていることが多い。ある意味それも事実だろう。

その一方で、「家族に大事にされていない」「周囲から認められていない」「孤独で、不安だ」などの不全感を抱えている高齢者も多いようだ。

そういった不全感を抱えていると、どうしても「もっと自分は大事にされるべきじゃないか！」「特別扱いされて、しかるべきだ！」という特権意識が表に出てきてしまう。

じつはこれは高齢者に限らず、コンビニやレストランの「客」の場合も同じ構造だ。

コンビニの店員に対して土下座を強要したり、レストランの従業員の態度に文句を言ったりする人なども、「自分は客なんだから、もっと丁重に扱われるべきだ」「特別扱いしろ！」という特権意識を持っている。

これもまた、往々にして自分の日常生活に多くの不満を持っていて、ストレスを抱えているからこそ、「反論できない相手」に対して、過剰に偉そうな態度を取ってしまうのだ。

「反論できない相手」に対して自分勝手に振る舞うという意味では「上司・部下」の関係と共通している部分も多いだろう。

▼人間には「敵」と「家族」と「使用人」しかいない

以前、田中眞紀子《たなかまきこ》氏が「人間には、敵か、家族か、使用人の三種類しかいない」と言ったが、これはなかなか当を得た鋭い表現だと思う。

家族というのは、言わば仲間ということであり、仲間と見なした相手には徹底的に優しくするし、仲間を傷つけられると徹底的に抗戦する。上司の中にも、特定の部下を家族のようにかわいがり、特別扱いする人がいるだろう。

そうかと思えば、気に入った部下（すなわち家族）以外の相手に対しては、人使いが荒く、まるで相手を人と思ってないような扱いをする。

田中眞紀子流に言えば、それは相手を「使用人」だと思っているからだ。

自分の指示通りに動くのが当たり前で、自分に奉公するのが当たり前。ミスをすれば当然罵倒するし、何かをしてくれたとしても、お礼を言うほどの相手ではない。だって使用人なんだから……

そんな困った上司も少なくない。だいたいコンビニの店員を土下座させるような人は、つまるところ相手を使用人だと思っていることが多い。

そして、それ以外はすべて敵なので、相手の足を引っ張るし、悪口も言う。

じつに寂しい人間関係だが「人間には、敵と、家族と、使用人の三種類しかいない」という表現がある種の現実を言い当てていることはたしかだろう。

これまで第1章では「上司という病」について世間一般のケースをいろいろ探ってきた

が、その中でも興味深いキーワードがいくつも出てきた。

- 「許される」という環境
- 上が抜ける
- 置き換え、攻撃者への同一化
- 特権意識
- 不全感、孤独・不安

この先の第2章では「上司という病」の持つ精神構造についてより深く掘り下げていくが、ここに挙げたキーワードを頭に置いて読み進めていただくと、より納得感が増すのではないだろうか。

「人の上に立つ」というのは、とてつもなく魅惑的な状況であり、どんな人も「上司という病」に侵される危険性を秘めているのである。

第2章

なぜ、「上に立つ」とバカになるのか

▼迷惑上司は三種類に分けられる

「上司という病」にかかった困った存在と向き合っていくには、何よりもまず相手を知ることが肝心だ。下の人間にあれこれ迷惑をかける上司の中にもいくつかのパターンがあって、そのパターンを知るだけでも相手とのつきあい方が変わってくるからだ。

そこで第2章では「上の立場になると何が変わってしまうのか……」という観点から、「上司という病」がもたらす変化についていろいろ探ってみたい。

そもそも「困った上司」というのは大別すると次の三つに分けられる。

①特権意識型

第1章でも述べた通り「オレは特別な存在だ」「特別扱いしろ！」という特権意識がとにかく強いタイプ。プライドが高く、自分が軽んじられることが我慢ならない。

たとえば、上司の中には「オレは、そんなこと聞いてないぞ！」とすぐに怒るタイプがいるだろう。部下にしてみれば「えっ、こんな些細なことまで報告しなきゃいけないの……」と思うところだが、特権意識型の上司というのは「何でもオレを通せ」「私の判断ですべて行う」という思いが強く「自分なしで話が進められた」というのが許せないのだ。

そのほか「資料をコピーする」「会議用の資料をつくる」など、いわゆる雑務を極端に嫌う上司がいるだろう。もちろん「その種の業務が苦手だから嫌い」という人もいる。

しかし、上司の中には「そんなものはオレの仕事じゃない」と思っている人がけっこう多い。これも一つの特権意識だ。

自分はもっとハイレベルな仕事をしているのだから、こんな誰でもできるような仕事は部下にやらせればいい、という発想がその根底にある。最近は女子社員にお茶くみをさせる職場は減ってきたが、注意深く観察していると「これはオレの仕事じゃない」「こんなことまでオレにやらせるのか！」という思いで働いている人は案外たくさんいる。

立場や役職に応じて仕事内容が違うのは当然だが、この意識が強い人は特権意識型の上司になりやすいので注意が必要だ。

②利得追求型

次に取り上げるのは、とにかく自分の利得を追いかけるタイプ。

よくある困った上司に「上にはヘコヘコするが、下には偉そうにする」という人がいるだろう。

結局、このタイプが考えているのは「自分にとって損か、得か」ということに尽きる。「自分の得になる」と思えばいくらでもヘコヘコするし、「コイツは自分に利得をもたらさない」となると、平気で相手を虫けらみたいに扱い始める。

そこまで極端ではないとしても、部下の手柄を横取りしたり、自分のミスを部下のせいにしたりするというのも利得追求型上司のパターンだ。

私が知っているある大学の学長がまさにこのタイプで、大学の偏差値が下がったり、入学希望者が減ったりすると「オマエが悪い」「いったい、何をやってるんだ!」と入試部長をはじめ多くのスタッフを徹底的に非難していた。

ところがある年、入試部長や広報部長の活躍によって入学希望者が増えたことがあった。するとその学長は、いかにも「オレがやってやった」と言わんばかりで、「私の取り組みの成果が出て、入学希望者が増えました」と大学内外に宣伝しまくっていた。

実情を知る人からすれば「よくそんなことが言えるな」「どの口が言ってるんだ!」と呆れてしまうほどだったが、当の本人は満足顔。

じつにみっともない姿だったが、「上司という病」に侵されている人は往々にしてこの「みっともない」という感覚が薄れてしまう。はっきり言えば、どんどん下品になっていく。どんな会社、組織にも、自分のミスを部下に押しつけ、部下の手柄を横取りする上司がいるが、そんな人たちは例外なく下品だろう。

しかし、考えてみればこれも当然の話。

「損得勘定で自分の言動をコロコロ変える」というのが利得追求型の特徴なので、人間として品性を欠くのは、ごく自然な帰結とも言える。

そのほか、「大事なことを自分で決めない」「責任を取らない」なども利得追求型の一つ。「自分で決めたら責任が降りかかる」「そんな事態には陥りたくない」という保身が先に立つので、結果として何も決められなくなってしまうのだ。

優柔不断な上司の問題はけっこう耳にするが、そういう上司の言動を注意深く観察していると、「自分の損になること」を巧妙に避けていることが多い。判断力が乏しいのも事実だが、そもそも彼らには「自ら判断して、責任を負う」という気がないのだから、仕方がない。

③置き換え型

最後に紹介する置き換え型は「自分が感じているストレスを他者に向けてくるタイプ」と言えばもっともわかりやすいだろう。

自分の仕事が忙しかったり、うまくいかなかったりすると、機嫌の悪さを周囲に振りまいたり、怒りの矛先《ほこさき》を部下に向けてきたりする上司がいるだろう。

典型的な置き換え型だ。

部下にしてみれば、自分と関係ないところで上司がストレスをため、イライラしているのだから、なんとも対処に困ってしまう。

利得追求型と置き換え型が融合している上司の場合、上の人間にはヘコヘコするのだが、それはそれでストレスを感じているので、そこでたまった鬱憤《うっぷん》を下の人間に向けてくるという、じつに困った構造になる。

下の人間にしてみれば迷惑この上ない話なのだが、そういう上司に限って（自分は上司にヘコヘコしているものだから）「イライラを部下に向けて何が悪い」「上司のご機嫌を伺うのは、部下として当然だろ」くらいに思っているのだ。

▼人を狂わせる三つの特権

いくつかの「困った上司」のパターンを解説したところで、なぜ「上の立場」になると、そうまで人は変わってしまうのか、という点について考えてみたい。

まず着目すべきは「立場が上がることで、いったい人は何を得ているのか」という部分。人は誰しも人の上に立ちたがるものだが、いったい彼らは何を望み、何を得ているのだろうか。

その問いへの答えは、大別すると「お金」「名誉」「権力」の三つになるだろう。この三つのどれか（あるいは複数）を手にすることで、人は「上司という病」にかかってしまうのだ。

まずは「お金」について考えてみよう。

ある意味、これはもっともわかりやすい要素だろう。

会社組織の中で課長になった、部長になったというくらいでは、それほど大金がもらえるわけではないが、大学の学長、政治家ともなると、その立場・役職によって得られるお金は少なくない。

セクシー写真集を発売するなど、何かとお騒がせな上西小百合《うえにしさゆり》議員も国会議員という立場を決して捨てようとはしない。本人はいろいろ理由を並べ立てるが、「得られるお金を手放したくない」という要素がやはり大きいのではないか。

もともと彼女は二〇一二年の衆院選に日本維新の会の公認を受けて立候補し、選挙区では落選したものの、比例区で復活当選した立場。

多くの人が指摘している通り、彼女に投じられた票ではなく、日本維新の会に投じられた票で議員にしてもらった身分なのだ。

ところが、二〇一四年の衆院選では維新の党公認で再度復活当選したものの、二〇一五年に除名処分を受ける。この時点で「選挙で選ばれた」という事実は消滅してしまうのだが、彼女が議員を辞めることはなかった。

普通に考えれば、「なぜ?」「おかしいでしょ?」と思うところだが、議員でいればそれだけ金銭的な優遇も多いので、その「うまみ」を捨てられないのだろう。

本書の第6章では、老害についてたっぷり触れるが「その立場にしがみつく理由」として、お金という側面はどうしたって無視できないように思われる。

よく「会社顧問」とか「社外取締役」など、「あの人はいったい何をしてるんだろう……」「もう歳なんだから、引退すればいいのに……」と言われる人がいるが、ある程度のお金がもらえる限り、なかなかその「おいしいポジション」を捨てることはできないのだ。

▼九割の人間が肩書に捉われる

「上の立場」になることで得られるものの二番目として「名誉」について考えてみよう。

そもそも名誉には、必ずしも「はっきりした利得」があるわけではないのだが、これを欲しがる人は多い。

私がよく知る大学や病院などのケースでも、「○○部長」なんて役職がついても、たいして給料が上がらないとか、部下が一人もいない「一人部長」というパターンも少なくない。はっきり言って、利得らしい利得はない。

それでも名刺に「○○病院　○○部長」「○○大学　○○教授」と書きたがる人は後を絶たないのだから、それだけ名誉には価値があるのだ。

では、なぜそんなにも名誉（肩書）が欲しいのか。

その問いに端的に答えるならば「それでしか自分の価値を認めることができないから」ということだろう。

人間には誰しも承認欲求がある。誰だって、他人に認めてほしいのだ。

しかし、「純粋な自分」「立場や肩書とは別の自分」を認めてもらうのはそう簡単なことではない。

たとえば大リーガーのイチロー選手ならば、肩書や名誉をいちいち欲しがったりはしないだろう。別にヤンキースの選手でなくても、年俸が一〇億円でなくても、レギュラーとして出場していなくても、彼には独自の価値がある。それを誰もが認めているし、本人もわかっている。

そんな人間にとっては、名刺に書き込む肩書なんて何の価値も持たない。

イチロー選手は極端な存在だとしても、「自分はこういう誇りを持って働いている」「生きがいを感じられる人生を送っている」という自負や、それを満たすだけの充実した日常があれば、つまらない名誉に振り回されることはないだろう。

あるいは、会社で評価されていなかったとしても、家に帰れば自分を必要として、認めてくれる家族がいる。そんな充足感を持っている人も、基本的には問題ない。

しかし、そういった「満足できる人間関係」を築けているとか、「満たされた日常」を送っているという人はむしろまれな存在で、多くの人が何かしらの不全感を抱えている。

だからこそ、自分が属する小さな社会や組織の中で「せめて評価されたい」「少しでも認められたい」と思うのだ。

そう考えると、「○○病院　○○部長」「○○会社　○○課長」という名誉が欲しくなってしまうのも頷ける。たとえ、それが小さなコミュニティーの中でしか通用しない、ちっぽけな価値だとしても、自分が昇進して「○○課長」「○○部長」となったときには自己愛や承認欲求が大きく満たされるのだ。

▼権力の何が〝気持ちいい〟のか

「上の立場」になると得られるものの三番目として「権力」について取り上げてみよう。

そもそも権力とは何か。

権力にもいろいろな種類があるが、一言で言うなら「相手が嫌がることを、無理やりにでもやらせることができる力」だと私は考えている。

たとえば、「こんな仕事やりたくない」と思っている部下に対して、それをやらせる力を上司は持っているし、「残業したくない」と思っている人に対してだって「これ、今日中にやっといてくれ」と言うだけで（基本的には）無理やりやらせることができる。

これはとても大きな力だ。

あるいは、上司という権力を使えば「こんな作業はオレの仕事じゃない」と言って嫌な仕事をしなくて済むようになるし、人事権を持っている人なら、嫌いな部下を別の部署に飛ばすこともできる。結果として嫌いな相手と仕事をしなくてもよくなるわけだ。

すると当然、周りには自分の言うことを聞く人ばかりが集まってきて、自分の悪評を聞かなくてもよくなり、居心地はどんどんよくなる。

そうやって「何をやっても許される環境」ができあがり、「上司という病」はさらに悪化していくことになる。

誰だって、自分の悪口は聞きたくないし、できることなら「気に入った人」「相性のいい相手」とだけ仕事をしたい。

それを実現できてしまう「上司の権力」というのは、溺れてしまうほど魅惑的なのだ。

▼「されて当然」という気になるワケ

問題のある上司ほど「イエスマンばかりを周りに集める」という話は昔からよく聞くお決まりのパターンだろう。

たしかに、自分が嫌いな部下、何かと異議を唱えてくる部下、自分の問題点を真正面から指摘する部下などは疎ましい存在だ。遠ざけようとする上司は多い。

しかし、イエスマンを周りに集めるというのは、もう少し複雑な問題をはらんでいることに、あなたは気づいているだろうか。

ここでは、その「複雑さ」について解説してみたい。

たとえば、あなた自身が上司だとする。

あなたが、ある取引先について「こんな資料が欲しいなぁ」と思ったとき、部下であるA君がすかさず「〇〇課長、こんな資料を用意してみたんですが……」と該当の資料を持ってきたらどうだろうか。

きっとあなたは「なんて優秀なんだ」「なんて気が利くヤツなんだ」とA君のことを評

価するだろう。

そして、そんなことが何度も続けば、当然あなたは「A君を自分のそばに置いておきたい」と思うだろうし、課長代理のポストが空けば、迷うことなくA君を昇進させようと考えるだろう。

一見すると、何も問題はない状況のように見える。

「優秀なA君を昇進させる」のはごく当たり前の展開で、上司であるあなた自身も「イエスマンを重用《ちょうよう》している」なんて夢にも思わないだろう。

しかし、往々にして組織の中で活躍する「本物のイエスマン」とは、じつはA君のようなタイプなのだ。

上司にヘコヘコして「○○課長のおっしゃる通りです、えへへへ……」なんてのはしょせん二流のイエスマン。一流のイエスマンは上司が求める結果を先回りして推測し、それを実現してくれる優秀な人材なのだ。

一流のイエスマンが優秀であることは紛れもない事実なので、そんな人材を重用するのも取りたてて問題ではないだろう。

しかし、上司の側にしてみれば、いつのまにか「自分が求める結果を推測して、実現してくれること」が当たり前になり、それをしてくれる人を優秀だと捉えるようになってしまうのだ。

これはけっこう怖い状況だ。

たとえば、あなたが会議に必要な資料を自分の机の上に忘れてきたとしよう。ちょっとしたケアレスミスだ。

しかし、優秀な部下のA君は自分が会議室へ向かう前に、あなたのデスクを確認しているので、忘れていることに気づいて持ってきてくれる。

なんて気が利く人なのだろう。こんなにありがたい存在はない。

ところが、翌週また同じ状況になったとき、別の部下のB君は（あなたがデスクに忘れた資料を）持ってきてはくれなかった。普通に考えれば、当たり前の話である。

ところが、あなたは「どうして、オマエは持ってきてくれないんだ。気が利かないな」「そういう姿勢で仕事をしているから、Aとはどんどん差がついていくんだ」などと叱責するようになってしまうのだ。

そもそも自分が資料を忘れてきておいて、それを持ってきてくれなかった部下を叱責するなんて、とんでもない話だ。

しかし、「自分が求める結果を推測して、実現してくれる」という一流のイエスマンが周囲にいると、そんな「上司という病」に侵されてしまうことになる。

これは決してめずらしい話ではない。

▼優秀な部下ほど陥る「過剰適応」

相手の欲求を満たそうとして、必要以上に対応してしまうことを、心理学では「過剰適応」と呼ぶが、優秀なイエスマンにはこのタイプが多い。

飲み会をセッティングする際に「上司の好みの店を選ぶ」くらいはまだいいかもしれないが、「上司がお気に入りの若い女性社員を連れて行く」「その子を隣に座らせる」なんてことまでしたら、ちょっとやり過ぎだろう。

しかし、優秀なイエスマンが似たようなことを日常的にやっていれば、いつのまにか上司にとっては「それが当たり前」となり、お気に入りの女子社員が隣に座らないことに怒り始めたりするのだ。

本書でも女性演歌歌手に嫌がらせをしたセクハラ町長の話に触れたが、日常的に、それが当たり前になっていると、常識からはどんどん逸脱してしまうのだ。

これは、別のケースでもしばしば認められる問題だ。

二〇一五年七月、東芝が不正な会計処理をして、社長が謝罪会見を行ったことが話題になった。この一連のニュースには「上司という病」「部下の過剰適応」という要素がいくつも含まれている。

会見で社長は「会社の社長として謝罪はするが、不正な会計処理がされていたとは知らなかった」「自分が指示したわけではない」という趣旨の話を繰り返して、世間からバッシングされた。

たしかに、あれだけ会社ぐるみで粉飾決算をしておいて、社長が本当に知らなかったのか、という疑問は残る。

真偽のほどは別としても、いざというときに、責任逃れをする上司は少なくない。乱暴に言ってしまえば、上司というのは「保身を考える生き物」なので、何か問題が起こるとすぐに逃げ腰になったり、責任を転嫁したりするものだ。

東芝の社長がそうだとは言わないが、「まったく知らないわけはないだろう……」というのが世間一般の思いだろう。

この事件については、別の注目すべきポイントもある。

仮に、社長が本当に「知らなかった」あるいは「指示などしていなかった」としよう。しかしそうなってくると、部下のほうが「上司が求める結果」を先回りして推測し、過剰適応した可能性が高い。

たとえば、「うちの業績はこんなに悪いのか。この事実を株主が知ったら、たいへんなことになるぞ」とか「もう少し業績が回復していれば、納得してくれる人も多いんだけどなぁ……」とか上司（社長）が言ったとしよう。

上司にしてみれば、「事実」と「自分の思い」をちらっとほのめかしたに過ぎない。

ところが、それを受けた部下が「これは、決算書をなんとかしなければならない！」「多少ダーティーなことをしても、利益が上がっているように見せなければならない！」と考え、過剰適応してしまったのかもしれない。

上司あるいは社長の指示・命令がなかったとしても、そんなやり取りが、体質として、伝統として、文化として会社にあった可能性は高いだろう。

そして、いざ問題が発覚すると、上司は責任逃れをして、部下がトカゲのしっぽ切りに遭う。そんな構図ができ上がっているのだ。

ただし、ここで注意しなければならないのは、もし問題が起こらなければ……、あるいは問題が世間にバレなければ……、過剰適応をしている部下（優秀なイエスマン）は、上司に好かれ、認められ、出世していく可能性が高いという現実だ。

おそらく東芝では、これまで何代にもわたって同じようなことが繰り返され、ダーティーなことに手を染めつつも、公になることなく、出世してきた人が何人もいるのだろう。

これは東芝に限らず、いろいろな企業で起こっていることかもしれないのだが、企業にとっても、そして何より、個人にとって非常に危険だということを忘れてはならない。

せめて、本書を読んでいる方たちには気づいてほしいのだが、このご時世、問題を隠蔽し続けることなどほとんど不可能だ。

組織の中にいると、組織の論理に支配されるあまり、本当のリスクを見失ってしまうことがよくあるが、上司や会社に過剰適応して、法を犯すようなことまでやってしまったら、それこそ取り返しがつかない。

組織の中で上に上がっていくような優秀な人材（優秀なイエスマン）ほど、その危険性が高いので、十分に注意してもらいたい。

第3章

〝暴走〟行為を繰り返す人の心理

▼何でも自分で決めたがる

第3章では「タイプ別」に、さまざまな困った上司のパターンを検証してみたい。いろいろなタイプを紹介するので、きっとあなたの周りにも思い当たる上司や先輩がいるはずだ。

最初に取り上げるのは「とにかく部下と協力できない上司」。何でも自分でやらなければ気が済まず、下の人間を使ったり、協力したりすることが極端に苦手なタイプだ。

このタイプが心の中に抱いているのは「自分が一番優秀だ」という思い。結局は自分を過大評価しているのだ。

はっきり言って、それも勘違いが多いのだが、「自分が一番優秀だ」と思っているので、当然、他人に任せることができないし、他人がバカに見えて仕方ない。「他人に任せるより、自分がやったほうが早くて、正確だ」などと本気で思っているようだ。

私の知り合いの大学の学長にまさにこのタイプがいて、この人は学長でありながら、学生募集のパンフレットから大学のホームページのデザインにいたるまでいちいち口を出し、最終判断を下していた。

学長になるくらいなので、百歩譲って、教授としては（あるいは研究者としては）優秀だったのかもしれない。

しかし、考えてみてほしい。

もう七〇歳になろうかという男性が、パンフレットやホームページのデザインについて「自分のセンスが一番だ」と思い込み、「最終的には私が決める」と言い張っているのは、どう考えてもやり過ぎだ。周りもみんなそう思っているのだが、本人はすべてに口を出し、自分が決めなければ気が済まないのだ。

どんな会社にも「えっ、これについてもあなたの意見を聞かなきゃダメなんですか？」と言いたくなる上司がいるだろう。

じつは、この「他人に任せられない上司」というのは大きく分けて二つのパターンがある。

一つは「完全なる勘違いタイプ」。

本当はそれほど実力はないのだが、それを否認したいばかりに「自分が一番優秀だ」とことさらにアピールしてしまう上司だ。自分の立ち位置や評価自体に不満を常に感じていて、不全感を抱えているタイプとも言える。「オレはもっとできる」「私はもっと評価されていい存在なんだ」という思いを沸々と煮えたぎらせているのだ。

このタイプの場合、下手に部下に活躍されてしまうと「自分が一番優秀だ」という立場が危うくなってしまうので、なおさら「何でもオレを通せ」「最終的には、私が決めるから」と必死になる。

それでいて、問題が起こると責任を他人に押しつけてくるので、注意が必要な存在だ。

▼「自分でやったほうが早い」と信じ込む

そして、もう一つは「個人としては本当に優秀なタイプ」だ。

ここでのポイントは、何と言っても「個人として」という部分。

このタイプは「自分が一番だ」と何の疑いもなく思っているし、「周りはバカばっかり」だと心の底から感じている。個人としては優秀なので、そう感じてしまうのも無理からぬところはある。

通常、会社では個人として優秀な人がリーダーやマネジャーに登用されるので、一定の割合でこのタイプの上司が生まれてきてしまうのも必然なのだ。

しかし端的に言って、このタイプは「プレイヤーとマネジャーの違い」を理解していない。「プレイヤーとして自分は優秀だ」という時点でしばしば思考が停止している。

日本の社会や企業では「マネジャー教育」が十分ではないので、プレイヤー気分のままマネジャーになっているこのタイプのリーダーが圧倒的に多い。

「プレイヤーとしての優秀さ」と「マネジャーとしての優秀さ」を混同しているわけで、だからこそ、「オレがやるのが一番早い」「誰かに任せたって、どうせうまくいかないだろ」という発想で、（本当は他者に任せなければならない部分まで）どんどん自分で進めてしまうことになる。

そして、「ほら、オレは優秀だろ」「周りは無能だ」と思い込んでしまう。

しかし現実には、一人でチーム全体の仕事をこなすことなど不可能だし、そもそも「部下を育てる」という部分もマネジャーの仕事なのだから、マネジャーとしての責務を果たしていることにはならない。

はっきり言ってマネジャーとしては無能なのだが、そこのところを上司自身に理解させるのは相当むずかしい。

プライドも高いし、「自分が絶対正しい」という思考を持ちやすいので、他人の意見（まして、自分を否定するような意見）など受けつけられない。

事実、「部下」として働く人たちに話を聞くと、「うちの上司はマネジメントがわかってない」「マネジャーとしての意識が低い」「そもそも、マネジメントしようという気持ちが感じられない」という意見が多いようだ。

これは、日本社会の大きな特徴の一つでもある。

▼「君の判断でやってくれ」という責任放棄

「上司という病」において、責任逃れをする上司というのも、困ったタイプの代表例だろう。

新国立競技場の建設案を巡ってはさまざまな問題が噴出したが、「みんながみんな責任逃れをしようとする様子」が何よりも見苦しかった。いろいろな立場の人が登場し、「いったい誰が責任者なの？」と思った人も多いだろう。

はっきりした責任者を決めず「誰もが何となく自分に責任が降りかかってこないようにする」というのは昔からある日本的なパターン。時代が変わっても、そこはなかなか変わらないようだ。

若干の語弊はあるが、そもそも上司なんてものは「責任逃れの達人」くらいに思っていたほうがいい、と私は考えている。

これは聞いた話だが、あるメガネ・チェーンで新しい店舗を出す際、稟議書に社長のハンコをもらおうと、担当部長が社長室を訪れたことがあった。

その際、その社長（女性）は「この店は、本当に儲かるの？」と尋ね、担当部長は「そのあたりは入念にマーケット調査をしてあるので問題ないと思います」と答えた。

ここまではごく普通のやり取りだ。

しかし、そのあとで「じゃあ、この稟議書の社長欄にはあなたのハンコを押しておきなさい」と社長が言い出した。

担当部長にしてみれば、まさに驚きの展開だ。

「えっ、社長の欄に私のハンコを押すんですか？」

「そうよ。だってちゃんと調べて、利益が上がるとあなたが判断したんでしょ」

と社長は言って、すべての責任を押しつけてきたのだ。

担当部長は仕方なく社長欄に自分のハンコを押して出店させたという。

その後、この担当部長は会社を辞め、別のメガネ屋で働くようになるのだが、この女社長のやり方には呆れてものが言えない。

さすがに、稟議書の社長欄に「あなたのハンコを押しておけ」とまで言う人は少ないだろうが、大事な局面で判断を下さずに責任逃れをする上司はめずらしくない。

東芝の粉飾決算についてもすでに触れたが、あのケースでも、自分の手を汚すことなく「まあ、君の判断でやってくれ」くらいの感じで、部下にやらせた人が大勢いたのだと推測される。

そういう上司は大勢いるし、そういうやり方が当たり前になっている組織も多いのだ。

▼犯罪まがいの仕事を一任する

もう一つ別のケースを紹介しよう。

過去に私が勤めていた病院で、突然優秀なケースワーカーが辞めるということがあった。

彼女自身、仕事に誇りを持っていたし、一生懸命やっていたので「おかしいな」と思い、事情を聞いてみると、病院側からひどいことを強要されていたことがわかった。

精神科の患者さんの中には生活保護を受けて入院している人が少なくない。国からお金をもらって二〇年、三〇年も入院している人がたくさんいるのだ。入院費は国から出るし、それ以外にお小遣いも支給されている。

もっとも、そのお小遣いを使うことはほとんどない。衣食住のうち、服はほとんど買わないし、それ以外は病院で賄われているからだ。すると、そのお小遣いがけっこうな額となって貯まっていって、何十万、何百万の単位になっている人も出てくる。

ところが、精神科に長く入院している人の中には、家族や親戚などの身寄りがまったくないとか、あってもほぼ絶縁状態という人が多く、その患者さんが亡くなったら、財産のいく先がなくなってしまうのだ。

もちろん、もともとは国のお金なので、本人の意思が確認されなければ国に返すのが決まりだ。

そこに目をつけた事務長が、前述のケースワーカーに「ちょっと、君の判断でいいから、患者さんに話をして、もし自分が死んだ際には、生活保護の残高を施設に寄付するよう、一筆もらってくれないか」と頼んだらしい。

とんでもない話である。

それもはっきりした命令・指示を出すのではなく、普段から患者さんに尽くし、親しくしているケースワーカーに「君の判断で、よろしく頼むよ」なんて言ってやらせようとするあたり、じつに巧妙で、ずるいやり方だ。

そのケースワーカーは真面目な人だったので、「そんなことはできない」と病院を辞めていったのだ。それ以上詳しいことはわからないが、その病院ではこれまでもそんなことを続けてきたのかもしれない。

私はその病院の常勤医ではなく、非常勤で週に一回だけ勤務していた。その割に給料はよかったのだが、「こんなところにいたら、自分も何をさせられるかわかったもんじゃない」と思い、すぐに辞めた。

東芝の事件もそうだが、組織の論理に押し切られて、犯罪まがいのことをさせられることは決してめずらしい話ではない。

だからこそ、自分の身はしっかり自分で守ることが必要だ。

自分の身は安全地帯に置いたまま、部下に危ないことをさせるというのも、上司が持つ権力の一つだし、そういうことを伝統的に行っている組織というのも、じつはけっこう多いので、要注意だ。

▼他人の都合を考えられない

続いては「相手の時間、コストを考慮しない上司」について取り上げよう。

終業時間間際になって「これ、明日の朝イチまでにやっておいてくれ」なんて頼んでくる上司。こんな上司へのクレームは本当によく聞く。

あるいは、忙しそうにしている部下に対して、「ちょっと、この仕事を急ぎでやってくれ」と平気で頼んでくる上司もいるだろう。

「いやいや、今は忙しいのくらい、見ればわかるでしょ」と言いたいところだが、部下としてはなかなか言えない。

そのほか、自分の都合でミーティングの時間を決めたり、一度決まった時間をあっさり変更したりするなど、部下の時間をまるで考慮しない上司は多い。

こういう上司の場合には「意図的か、どうか」というところを分けて考える必要がある。まずは「意図的にやる上司」のケースを考えてみよう。

そもそも、こんな行為を意図的にやるなんて「なんて性格がねじ曲がっているヤツなんだ！」と呆れてしまうところだが、そういう人がいるのは事実。わざと部下を苦しめているのだ。

彼らの心理を分析すると、要するに、自分の権力を再確認したいということに尽きる。

お茶くみ、コピー取り、ちょっとした買い物へ行かせるなど、そういった行為を好んで部下にやらせる人がいるだろう。これらも同じで、自分の権力を誇示して、「オレはオマエらとは違う」「オレはオマエらにこんなことをやらせることができる」ということをはっきりさせたいわけだ。

これは支配欲求の表れであり、自らの権力を確認することで、自己愛を満たしているとも言える。

「相手が嫌がることを無理やりやらせる」というのは権力そのものであり、その権力を行使している瞬間に、支配欲求が満たされるのも当然だ。端的に言えば「気持ちいい」のだ。

本書で何度も述べている通り、この手のタイプは本質的に不全感を抱えており、こうした置き換えのような形で、自分のストレスを発散していることが多い。

▼自分の非に気付けない

　これとは少しタイプが違って、本当に無意識に「相手の時間を考慮しない」という上司もいるだろう。別に悪い人ではないが、相手のことなどまるで気にせず「これ、朝イチまでによろしくね」なんて明るく言ってくるタイプだ。

「周囲への気遣いができない」「空気が読めない」「頭が悪い」などいろいろな問題を抱えているのも事実だが、基本的には「周りが許してしまっている」という部分が一番大きいと私は分析する。

　たとえば、終業時間間際になって「これ、明日の朝イチまでにやっといて」と言われたとき、多くの人が心の中では「何だよ」「あり得ないだろ！」と思いながらも、「わかりました」とすんなり受け入れてしまうのではないか。

　特に日本人の場合、多くの人が「上司から言われたら、仕方がない」「やるしかない」という常識観念を持っていて、結果として、上司の行為を許してしまっている。

　すると、上司としては「それが当たり前」になってしまい、「問題がある」とは微塵《みじん》も考えない。

「上司の言うことは聞く」という意識があるからこそ組織が正常に機能しているのも事実だが、そんなあなたの真面目さや従順さが「上司という病」を悪化させ、問題を大きくしていることも、ある程度は認識しておくべきだろう。

▼暴走を陰でエスカレートさせる存在

「周囲から許されている」という状況が「上司という病」を悪化させる。

冒頭から何度も指摘しているが、じつはこれは、アルコール依存症患者とイネーブラーの関係にもよく似ている。

イネーブラーとは「それを可能にさせる存在」のことで、たとえばアルコール依存症患者の周りには、その人の生活を支え、お酒が飲める環境を（結果として）与えているイネーブラーが存在していることが多い。

そもそもアルコール依存症の人というのは、定職に就くのがむずかしく、運よく働き始めたとしても何かしらのトラブルを起こし、長く続かないケースが少なくない。

すると当然、経済的に切迫して、お酒が飲めなくなってしまうはずだ。

ところが、そんな本人の周りには、奥さんや同棲相手など、生活を支え、お小遣いまでくれる（結果として、アルコール依存を継続させてくれる）人が存在することが多い。

これがイネーブラーだ。

「上司という病」にかかっている迷惑な上司の周りにも、じつは、ほぼ例外なくイネーブラーが存在する。組織の中で暗躍するイエスマン、上司の傍若無人な振る舞いを認める部下、上司から頼まれた理不尽な依頼を笑顔で受け入れてしまう人など、注意して観察するとイネーブラーが必ずいる。

もしかしたら、それはあなた自身かもしれない。

迷惑上司とのつきあい方は第5章でたっぷり触れるが、とても大事なポイントの一つは「イネーブラーにならないこと」「イネーブラーから脱却すること」だとぜひとも覚えておいてほしい。

たとえば、終業時間間際に「明日の朝イチまでに、これ頼むよ」と言われた際には、「部長、今日はもう終業時間なので、明日の午後まででで構いませんか」とちょっとでも交渉することが重要だ。

特に、無意識にやっている上司に対しては「あなたの依頼は迷惑なんですよ」「非常識なんですよ」ということを、暗にでも伝えることが必要だからだ。

案外、上司も考えなしに「明日の朝イチまでに頼むよ」と軽く言っていることも多いので、「午後でもいいですか?」と尋ねると、「忙しいなら、明日中でもいいよ」なんてあっさり言われるかもしれない。

だから、相手が上司だからといって、あまり従順になり過ぎてはいけない。

「○○部長はホントに困るよ」「相手の時間を、まるで考慮してくれないからなぁ……」なんて陰で文句を言いながら、実際には、あなた自身がイネーブラーとして、困った上司の行動をエスカレートさせているのかもしれないということを忘れてはならない。

▼「オレが若いころは」――自慢・説教・昔話

迷惑な上司という意味では「自慢話や説教が長い」という点も見逃せないだろう。

結局、これも「長々と自慢話をしても許される」「説教すれば、部下や後輩たちが神妙に聞いてくれる」という関係があるからこそ起こっている問題だ。

上司の自慢話を聞いている部下というのは、構造的にはイネーブラーになってしまっているのだが、だからといって「そろそろ、自慢話をやめてもらっていいですか」なんてことが言えるはずもない。

それどころか、世渡り上手な部下になると「すごいですね」「そんなことができる人、見たことありませんよ」などと巧妙な合いの手を入れて、どんどん相手を気持ちよくさせてしまう。すると、上司は「相手が喜んでくれている」と本気で思い、ますますノリノリで話すことになる。

なかなかむずかしい関係性だ。

そして、俯瞰《ふかん》して眺めてみると、上司というのはじつに悲しい生き物だと感じる。

誰だって部下時代には、「すごいですね」「その話、めちゃくちゃおもしろいですよ」などと口ではヨイショしながら、心の中では「その話、何度も聞いたよ」「早く終わってくれないかな」と思った経験があるだろう。

ところが、いざ自分が上司になると、部下時代のことなどコロッと忘れ、今度は自分が「上司という病」にかかってしまうのだ。

あるテレビ番組で、タレントの高田《たかだ》純次《じゅんじ》さんが「説教と昔話と自慢話はしないようにしている」と話していたが、それくらい自分できっちりルールを決めておかないと、誰もが、上司という「悲しい生き物」になってしまうということだ。

▼用もないのに顔を出す

自慢話に限らず、仕事中に上司が世間話をしてくることがあるだろう。

じつは、これがけっこうくせ者。この「上司の何気ない世間話」を問題視している部下は意外に多いのだ。

考えてみれば当然の話で、上司は自分が忙しそうにしていれば、部下が世間話をしてくるなんてことはまずない。仮にあったとしても「今、ちょっと忙しいから」と一言言えば済む話だ。

ところが、上司というのは少しくらい部下が忙しそうでも、「おっ、がんばってるな」「あんまり根を詰め過ぎないようにな」なんて言葉で平気で話しかけてくる。

むしろ、上司の中には、そうやって「部下を気遣っているつもり」「部下とコミュニケーションを取っているつもり」という人も少なくないだろう。

そして実際、上司の無駄話が人間関係を円滑にし、職場の空気をよくしている場合もあるだろう。

しかしその一方で、「上司が自分の都合で話しかけてくるなんて、一種のパワハラだよ」と漏らしている人も少なくないという現実を忘れてはならない。

また、これは上司と部下の関係ではないが、ある出版社の編集者が「以前、仕事をした著者の先生がたまに電話をかけてきて、あまりに長々と世間話をされて困る。なかなか切れなくて……」と話していた。

その編集者にしてみれば相手は先生なので、あまりむげにもできず、丁寧に対応するのだが、長いときには二時間くらい相手をさせられるというから笑い話では済まされない。

上司にしろ、その先生にしろ、「忙しいなら、忙しいって言ってくれればいいのに……」と思っているのだろうが、そもそも、それが言えないから起こっている問題なのだ。

第6章の老害のところで改めて触れるが、「大学を定年退職した学長や教授がしょっちゅうやって来る」「会社の顧問の偉い方が、用もないのに会社にやって来る」というのも、同じような構造だ。

はっきり言ってしまえば、「ヒマで、寂しいんだろうなぁ……」というところだが、対応させられる方としてはたまったものではない。

これもまた「上司という病」の一つだろう。

▼「自分のやり方が正しい」と譲らない

上司の中には「このやり方が正しいんだ」「私はこうやって実績を積み重ねてきたんだ」と頑なに自分のやり方を守ろうとする人がいる。

もちろん、その経験則にはそれなりの価値がある。もっとも、時代の流れによっては「もはや通用しないもの」もけっこうあるのだが、それを捨てることができない。

どんな組織にも、そんな上司は大勢いるのではないか。

なぜ、古い価値観を捨てられないのか。

一言で言えば、古い価値観を捨ててしまうと、自分の優位性を失ってしまうからだ。

これは「下の人間」が感じている以上に、「上の人間」にとって大きな恐怖であり、一大事なのだ。

日本の多くのリーダーが「プレイヤーとマネジャーの違いをわかってない」という話を

したが、きちんとしたマネジメントができないリーダーである上司にとって「自分の価値を保証するもの」とはいったい何だろうか。

それは「過去の実績」であり、「経験」にほかならない。

つまり、「私はこんなにもスゴイ成績を上げてきた」「オレはこんな修羅場をくぐり抜けてきた」「あの頃は本当にたいへんだった」ということでしか、自身の優位性を保てないのだ。

何度も言うが、経験というのはもちろん大事だ。

しかし、見方を変えれば「経験を振りかざす」ということほど、(上司にとって)安全かつ都合のいい方法はない。

考えてみてほしい。

経験の少ない部下に対して「オマエは何も知らないだろ!」「オレは何年、この業界で飯を食ってると思ってるんだ」と言えば、相手は何も言えなくなってしまう。

経験というのは、じつに便利で、逆転不能の武器なのだ。

「古い価値観」という土壌の上では、自分が一番の経験者であり、熟練者でいられる。だからこそ、上司の多くが古い価値観にしがみつき、自分のやり方を押し通そうとするわけだ。

営業や取引先とのコミュニケーションにおいて、上司の多くは「直接会って、話をすることが大事だ」とことさらに言うだろう。

もちろん、それが大事であることは否定しない。

しかしその一方で、メールやラインでスピーディーなやり取りをしたり、スカイプを使って打ち合わせたりすることで、お互いの時間やコストを大幅に節約できることも事実である。

どちらにも、相応のメリット・デメリットがあるはずだ。

ところが、新しいやり方のメリットを認めてしまうと、上司としての自分の経験値や成功体験の価値が相対的に目減りしてしまう。上司にとっては避けたい事態だ。

いや、それだけではない。

もし自分が新しい技術についていけなければ、「ダメな人間」「古い人種」というレッテルを貼られ、一気に立場を失ってしまうことになる。

そんな恐怖があるからこそ、古い価値観、自分が活躍できるやり方やフィールドを是が非でも守ろうとしてしまうのだ。

そして、もし「ラインやスカイプでのやり取りが原因で、深刻なミスが発生した」なんてことがわかると、鬼の首でも取ったみたいに「だから、そんなやり方ではダメなんだ」「オレの言う通りにしないから、こんな事態に陥るんだ」と激しく責め立てる。

上司にしてみれば、こんなにもホッとできる瞬間はないだろう。

▼「○○さんにしかできませんよ」待ち

ある大学の偉い先生の話だが、その先生はドイツ哲学が専門で、「私はかつてドイツに留学して、ハイデッガーに会ったことがある」というのが自慢だった。ちなみに、ハイデッガーとはドイツの有名な哲学者だ。

その先生がいた大学は、お世辞にも優秀とは言えない（はっきり言えば三流大学）なのだが、あるとき、その先生が「うちの大学にも、ドイツ哲学の本をたくさん入れよう」と言い出したことがあった。それもドイツ語で書かれた原書を、である。

さすがに慌てた図書館司書が「いや先生、うちの大学のレベルではドイツ語を読める学生自体ほとんどいないでしょうし、高価なドイツ哲学の本を何冊も買うなんてことはできませんよ」と異を唱えた。

するとその先生は激怒して、結局はその司書を辞めさせ、一般の事務をやっていた別のスタッフを司書の代わりにしてしまった。そして、もちろんドイツ哲学の本をごっそり買うことになった。

これほど無駄なお金の使い道もないと思うが、その先生にしてみれば、自分の得意分野にいる限り、自分の優位性は完璧に保たれるので、それはそれで満足なわけだ。極端な話、「そんなむずかしい本は、○○先生以外、誰も読めませんよ」と言われることが一番の目的なのだ。

そうやって自己の優位性が保たれ、承認欲求や自己愛が満たされれば、それでめでたし、めでたしということになる。

この先生のやり方は本当にめちゃくちゃだが、一般企業の中にも、何かと言えばすぐに「自分の得意分野」に持っていこうとする人がいるだろう。

実際によく聞くのが、金融機関から（天下りのような形で）別の業界の専務や常務として出向してきた人が、何かにつけて「私がいた銀行では……」「金融の世界の常識で考えれば……」という感じで、自分のフィールドで話そうとするパターンだ。

聞いているほうにしてみれば、「銀行の話は関係ないから……」「金融の常識はどうでもいいんだけど……」と思うはずだが、当の本人にしてみれば、そのフィールドに持っていかないと、自分の優位性はおろか、存在価値まで脅かされてしまう。

だからこそ、徹底して自分の得意分野に話を持っていかざるを得ない。

本当の意味での満足感、充足感、自己肯定感を持たない人たちにとっては「何とかして自分の価値を認めさせたい」という欲求が強く出てきてしまうのは、ごく当然の流れなのだ。

▼「自分は特別」という特権意識

「上司という病」をひもとくカギの一つに「特権意識」があることはすでに指摘した。

そこで、ここでは「自分は特別だ」という意識の高い上司について考えてみたい。

そういう人たちはある意味とても単純で、特別扱いをしてあげれば上機嫌になり、自分のことを軽んじられると烈火の如く怒り出す。

以前、私が勤めていた病院でこんなことがあった。

外来患者が多く来院している忙しい時間帯に、理事長がふらっと病院へやって来て、外来の診察室に入っていこうとした。そんな理事長の行動に、近くにいた看護師が気づいたのだが、不幸なことに、その看護師は理事長の顔を知らなかった。

看護師にしてみれば、医者が患者を診察している診察室に一般の人が入ろうとしていたのだから、当然のように「今、診察中ですから、遠慮してください」と声をかけて入室を断った。

しかし、その応対に理事長は激高して「あんな失礼な看護師はいらない!」「今すぐ辞めさせろ!」と大騒ぎになった。

その看護師は、辞めさせられはしなかったものの、居心地が悪くなり、結局は自分から辞めていくことになってしまった。

なんとも身勝手で、迷惑な話だ。

しかし、世間や職場を見渡してみれば「特別扱いを受けないと怒る」という人はたくさんいるのではないだろうか。

たとえば飲み会の席で、自分のお酒がなくなっているのに部下や後輩が注ごうとしないだけで不機嫌になる人はめずらしくない。「お酒くらい自分で注げばいいじゃない」と思うところだが、彼らにそんな常識は通用しない。

なぜなら、彼らは「お酒が飲みたいのに、グラスが空だから怒っている」というわけではないからだ。

「周りの人たちが自分に気を使ってくれない」というその一点に怒っているのだ。もっと言えば、みんなが自分に注目して、自分のことを特別扱いするのが当たり前なのに「それをしてくれない！」と駄々をこねているわけだ。

なんとも幼稚で、人間的にレベルの低い話だが、突き詰めればそういうことだ。

▼上下関係をやたら盾にする

コンビニやレストランで店員やウェイターに文句をつけるのも「自分を特別扱いしろ！」というメッセージであることが多い。

なかには、「私がよく行く○○という料亭では、これくらいのことは当たり前のようにしてくれるわよ！」とか、「オレが使っているホテルのラウンジでは、これくらいのことは無料でサービスしてくれるぞ」なんて言い方で店のサービスの悪さに文句を言う人がいるが、これも一つの「自分は特別な客なんだぞ」というアピールなのだ。

高級店のサービスをひけらかすくらいなら「リーズナブルな店になんて来ないで、高級店に行けばいいのに」と私なんかは思う。クレームを受けているウェイターもそう思うだろうが、そもそもそういう話ではない。

要するに、「普段のオレはもっと高級な店で、高いクオリティーのサービスを受けているんだから、相応に特別扱いしてもらわなければ困るよ」と文句を言いつつ、自慢したいだけの話だ。

結局これも「自分は客で、オマエは店員」「オレはほかの客とは違う」というふうに、立場の違いをはっきりさせたい心理が働いている。

これまでにも折に触れて述べてきたが、上の立場の人間は往々にして「立場の違いをはっきりさせたい」という心情を持っている。雑用をやらせたり、買い物に行かせたり、嫌な仕事をやらせたりするのも、すべては「上下関係をはっきり示したい」という気持ちの表れにほかならない。

客が店員にクレームをつけるのも（もちろん、なかには正当なものもあるが）、結局は「対場の違い」を明確にして、相手をひれ伏せさせたいに過ぎない。

▼ある年齢を超えると表れる「脱抑制」

続いては「暴言を吐く上司」「暴力を振るう上司」について分析してみたい。

最近はパワハラに関して世間的に厳しくなっているので、相手の人格を否定するような暴言を吐く人は減っているし、暴力を振るうなんていうのは、職場ではほぼ見かけない光景だろう。

しかし、それでもなお暴言を吐く人もいるし、直接的な暴力とはいかないまでも「資料を投げつける」「机を叩く」などの暴力的な行為に出る人もいる。

その根底にあるのは、やはり「上の立場になると、いろいろなことが許される」という思い込みなのだが、それに加えて、一定の年齢になると抑制が利かなくなり、ほとんど反射的に怒鳴ったり、暴力的になったりしているケースも少なくない。

心理学的にはこれを「脱抑制」と呼ぶ。

自分の衝動を抑えられなくなってしまうもので、躁病《そうびょう》の人によく見られる。躁状態になると「タガが外れた」みたいになって攻撃衝動や性衝動が出現することがある。高齢者が下着を盗むとか、痴漢をするという事件はけっこう多いのだが、これらの問題には脱抑制が大きく影響していると考えられる。

高齢者の場合は、まず認知症が疑われるが、必ずしも認知症の問題というわけではなく、物忘れの程度を調べる検査をしても満点の場合すらある。ＭＲＩを撮っても何の異常も見つからず、はっきりした原因がわからないこともある。

どうやら一定以上の年齢になると「自分の人生も残りわずか」という思いが強くなり、「もう我慢するのは嫌だ！」とこれまでの人生で抑圧・抑制してきたものが解放されるようだ。

きっとあなたの周りにも、一定の立場や年齢の人が、周りがびっくりするくらいに怒り、怒鳴り散らすことがあるだろう。これなどは一種の脱抑制の状態にあって、言ってみれば、酒に酔っているのと同じようなものだと考えたほうがいい。

▼わざと人前で怒鳴る

「暴言を吐く」とやや似ているのだが、部下が失敗すると、執拗《しつよう》に責め続けるような上司も少なくないだろう。「そこまで言わなくてもいいのに……」「本人だって反省してるんだから……」と思わず言いたくなることもあるかもしれない。

躁病の話が出たので一つ付け加えておくと、躁病の症状には「易怒的《いど》」というものもある。簡単に言えば、気分が高揚して、怒りっぽくなってしまうのだ。

躁病ではないにせよ、自分の気分がどんどん盛り上がってしまって、怒りを増幅させてしまう人はよくいるだろう。最初は、些細なミスをした部下をたしなめるつもりだったのに、自分の感情が高ぶってしまって、怒りが止められなくなってくるというパターンだ。

この種の人たちの場合、自分で怒りをどんどん増幅させていってしまうので向き合い方が非常にむずかしいのだが、自分に直接的な被害が及ばないうちは「ああ、あの人は脱抑制になっているんだな……」「興奮して、易怒的になっているな」と冷静に分析しておくことが必要だ。

また「人前で怒鳴る」「ネチネチ責め続ける」という上司の心の中には「相手を貶《おとし》めたい」という心理が働いていることもある。相手を貶めることによって、自分との立場の違いを見せつけ、相対的に自分の価値を高めたいのである。

第4章
誰も上司という病を止められないワケ

▼組織が本質的に抱える「三つの欠陥」

本書では「迷惑上司とどのように向き合えばいいのか」という対処法についても詳しく解説したいと思っているが、そのためにはまず「なぜ対応がむずかしいのか」という構造自体を理解することが大切になってくる。

そこで第4章では「上司という病」がなくならない社会的、組織的背景についても少し語っておきたい。

たとえば、「上司という病」は周囲が許していることでより悪化させているという話を本書で何度もしているが、実際に職場で迷惑上司と向き合っている人たちにしてみれば、「だからといって、どうすることもできないだろう……」「上司の行動を注意するなんてあり得ないし……」というのが本音だろう。

だから、まず「なぜ対応がむずかしいのか」という社会的、組織的な構造を理解した上で、「その中でも、できることはないのか?」という視点で対応策を探っていくことが重要なのだ。

近年、働き方の多様化が進んでいるといっても、二〇一三年の調査によると労働人口におけるサラリーマンの比率は八五%を超えている。依然として、ほとんどの人がサラリーマンというのが現状だ。

そもそも「上司という病」はサラリーマンを中心とする組織の論理によって多様な問題をはらんでくるし、問題を複雑化させている側面も多い。

評論家でエッセイストとしても活躍する川北義則氏は自身の著書『群れから、離れよ！』(ダイヤモンド社)の中で、群れ(すなわち組織)の持つ本質的な欠陥には以下の三つがあると述べている。

非常に興味深い指摘なので、ここに紹介しておこう。

①同調圧力
②異分子排除
③自浄力の喪失

たしかにこの三つは「上司という病」を考える上でも重要なキーワードになってくる。

会社をはじめとする組織にいれば、どうしたって「同調しなければならない」という場面は出てくるし、その輪から外れてしまえば、たちまち排除されてしまう。

組織だけでなく社会全体にも見られる風潮だろう。

ホリエモンなどはその顕著な例で、彼は同調圧力に屈しなかったばっかりに社会からはじき飛ばされ、逮捕までされてしまったのだ。東芝の粉飾決算はたしかに社会問題にはなったが、しょせんは「誰が辞任するか……」という程度の話でホリエモンのように逮捕にまでは至っていない。

この顛末を見るだけでも、ホリエモンが異分子として社会から排除されたことがよくわかる（だからこそ、いつまでも若者を中心に人気がある、という側面もあるのだが……）。

また、同調圧力と異分子排除が機能すると、当然のように「自浄力」は失われていく。

それこそ東芝がいい例で、何代にもわたって（同調圧力と異分子排除という）組織の論理を守り続けてきたからこそ、あんな問題にまで発展してしまったのだ。

もし、東芝に「そんなことをしていてはダメだ」と同調圧力と戦う人がいて、組織がそういう人を排除してしまわなければ、あんな結果にはなっていなかっただろう。

▼出る杭を打つ「過剰な」配慮

同調圧力と異分子排除というのは、古くから日本社会にはびこっているもので、その一つの原因は教育現場にあると私は考えている。

もうずいぶん前から、教育現場では「個性を大事にしよう」と言われているものの、実際には「ＫＹ文化」のほうがはるかに優勢で「みんなと同じであることが大事」「違うことをするのはダメ」という風潮はいまだに根強い。

学歴社会もその典型パターンの一つで「いい成績を取って、いい学校へ行く」という一つの価値観で、すべての生徒に順位をつけ、並べてきた。

現代は少子化など時代の変化もあり、かつてほど熾烈な学歴競争はなくなってきたが、今度は「順位をつけるのはよくない」と言って、みんなを横並びにさせようとする時代が到来した。学芸会のお遊戯で主人公役を何人もの子どもが演じるとか、運動会で順位をつけないというふうに、教育現場では「違い」を意識させないような配慮が過剰にされている。

そうやって「みんな同じ」「違いを出すのはやめましょう」という教育が、同調マインド、同調圧力の根底にあることは否めない。

▼「人種のライスボール国家」日本

この傾向は、国民性や人種の構成、文化などとも密接につながっている。

ヨーロッパやアメリカに比べれば、日本は民族の多様性が低く、一つの民族が大多数を占めている世界でもめずらしい国だ。それだけに「人種差別」の問題はあまり大きくならないが、その代わり同調圧力や異分子排除がどうしても強くなる。

私はフランスに留学していたのでフランス人の考え方はよく知っているが、彼らの場合、人種が入り交じることによって差別や区別の意識はあるかもしれないが、そもそも「異分子」という発想にはなりにくい。

白人至上主義はいまだに根強いとはいえ、歴史的にも多くのアラブ系の人たちが移住していて、彼らは決して少数派の異分子ではない。それはアメリカでも、ほかのヨーロッパ諸国でも同じだろう。

彼らにしてみれば、自分たちの社会に文化や価値観の違いがあるのは当たり前で、（対立が起こることはあっても）それを排除しようという発想には比較的なりにくいようだ。

ところが、日本には「同じ価値観や文化を持った大きな、一つのグループ」が存在しているので「違う存在」「異分子」をなかなか許容することができない。

まったく同質のものが寄り集まったその様は、人種のサラダボウルならぬ「ライスボール」国家というべきものかもしれない。これは大きな特徴だろう。

その結果、教育的にも、文化的にも、歴史的にも「同じであることは善」「出る杭は打たれる」という価値観が育まれ、その価値観のまま企業や組織が構築されている。

もちろん、「みんなが同じ文化や価値観を持つ」という要素がプラスに働くこともある。

たとえば、戦後の高度成長期には、従業員一同が団結し、同じ方向へ向かってがんばったからこそ、世界が注目するスピードで経済成長することができた。

あるいは、日本という国の治安がいいのも、画一的な文化や価値観とは無縁ではないだろう。民族が入り交じれば、それだけ治安が悪くなる危険性は高まるだろうから。

しかし、戦後の経済成長も一段落し、社会がグローバル化し、人が入り交じり、個人の価値観が多様化している現代にあっては、同調圧力や異分子排除という要素がさまざまな問題を生み始めているのもまた事実である。

大きな流れに乗って「みんなと同じ」でさえあれば、幸福で、安定した暮らしができるというのはもはや過去の幻想なのだ。

▼なぜ、黙って耐えてしまうのか

もう少し身近で、現実的な問題に目を向けてみよう。

そもそも、なぜ現代の会社の中で同調圧力が機能するのか。

その最大の理由は「会社を辞めたくても、辞められない」からである。「ここを辞めたら次がない」という切迫した状況こそが、多くの人を追い詰めていることは間違いない。

たとえば、ブラック企業で働いているせいでうつ病になり、私の外来を受診した患者さんに「どうして、そんな会社に居続けるの？」「辞めることは考えないんですか？」と尋ねると、「辞めたら次がないから……」「せっかく正社員になれたのに、辞めたら次は絶対になれないから……」という答えが返ってくることが多い。

それが彼らの本音なのだ。

ブラック企業でなくても、上司からひどいイジメを受けたり、会社が吸収・合併されて一気に立場や待遇が悪くなったりして、精神的な問題を抱えるような人たちも少なくないが、その多くが「次がないから、辞めるに辞められない」という共通した思いを持っているようだ。

精神科医の立場からすれば「そんな会社はすぐにでも辞めて、体のことを一番に考えてほしい」と思うところだが、ことはそう簡単ではない。

辞めたら次がない……

この切迫した状況が個人を追い詰め、直接・間接的に「上司という病」をはびこらせていることは厳然たる事実である。

上司からひどいことを言われたり、やられたりしても、「会社を辞めるわけにはいかない」「次はない」という状況ならば、部下としては黙って耐えるしかない。

結局、この「黙って耐える」「言いなりになる」ということがベストな選択肢になってしまう。

そうやって「黙って耐える」「上司の言いなりになる」という人ばかりが組織にいれば、当然上司は「これでいいんだ」「こんなことをやっても許されるんだ」「オレはそれだけ特別な存在なんだ」という勘違いをするようになる。

その結果「上司という病」がどんどん広がっていってしまうのだ。

とはいえ、これは社会情勢、経済状況に関わる問題なので、個人の力ではどうすることもできない。

世間では「会社に頼らない生き方をしよう」「自分個人の価値を高めよう」などと美辞麗句が盛んに並べ立てられているが、それができる人は少数派と言わざるを得ない。やっぱりそれが現実である。

ほとんどの人が、「異分子」として組織から排除されてしまったら、社会の中で生きていくことはできない。そうなったら、家族もろとも路頭に迷ってしまう。

だからこそ、辛いながらも「上司という病」と向き合い、ひたすら我慢の日々を過ごしているのだ。

▼「辛いけど、辞められない」の構造

さらにもう一つの「辞めたくても、辞められない事情」を取り上げてみよう。

「上司という病」を発症する人の多くは不全感を抱えているという話はすでに述べてきた。

「人に認めてもらえない」「満たされない」という思いがあるからこそ、その鬱憤やストレ

スを部下に向けてしまうのだ。

じつは、この「不全感を抱えている」というのは、何も上司だけではなく、部下も同じだ。「自分が認められている」「自分は能力を遺憾なく発揮できている」「豊かな人生を送っている」という充足感や満足感を持っている人はむしろまれで、多くの人が満たされない承認欲求や自己愛を抱えながら、何とか折り合いをつけて生きている。

そんな状況にあって、唯一自分のプライドを支えてくれるのが「○○会社の社員である」という大企業のブランドだったりするのだ。

たしかに、会社にはひどい上司がいて、納得のいかない仕事を与えられているかもしれない。上司のご機嫌取りばかりをして、「いったい、自分は何をしているんだろう……」と悲嘆に暮れる日々かもしれない。

しかし、一歩会社の外へ出れば「○○会社」という大企業のブランドがモノを言うのも事実である。友人や知人には「オマエは凄いな」「給料もいいんだろ」「一流企業なんだから、簡単に潰れないだろ」「羨ましいな」などと言われ、まんざらでもない気分を味わえる。

家族にしたって、自分の夫や父親が「○○企業の正社員」という安定した、世間的にも通りのいい立場であることを喜んでくれるし、誇りに思ってくれる。

はっきり言って、それだけでも承認欲求はかなり満たされるだろう。

だからこそ、どんなに辛くても、辞めるに辞められない。

うつや不眠で私の外来に通院している患者さんの中にも「○○会社というブランドは捨てられない」「家族が辞めることを認めてくれない」「会社を辞めたら、自分には何もなくなってしまう」などの理由で、自分の体にダメージを与えているはずの会社を辞められない人は多い。

非常に苦しい状況だが、そうした社会的背景、個人的事情があることもまた事実なのだ。

▼粉飾決算と太平洋戦争の根っこは同じ

三つ目のキーワードである「自浄力の喪失」についても解説しておこう。

以前、ある雑誌の記者から「組織の自浄力は、時代とともにどんどん失われていっているのか、それとも、もともと問題があって、それが継続しているだけなのか」という質問を受けたことがある。

私は、日本という国にはもともと自浄力が欠けていると思っている。

たとえば、太平洋戦争当時であっても「資源もなく、軍事的、技術的にも劣っている日本が、米英を相手に勝てるはずがない」と本気で進言した人はいただろう。客観的に分析すれば、勝てると思うほうがどうかしている。

しかし、そんな（まっとうな）意見は闇に葬られ、間違った方向へと国全体で暴走してしまった。

これこそまさに「自浄力の喪失」の典型ではないだろうか。

「日本は負ける」「だから、こんな戦争はすべきではない」「早々に終わらせるべきだ」というまともな意見が出たとしても、「それじゃあオマエは、日本がアメリカの属国になってもいいのか」「オマエは日本という国を愛していないのか」「大事な家族が米兵の言いなりになってもかまわないと言うのか」などと言われ、返す言葉がなくなってしまう。

そんな問題のすり替えとも言えるやり方で、組織の論理がまかり通ってしまうのだ。

戦争の話をしていると、まるで現代とは関係のない、非日常的な話のように聞こえるかもしれないが、決してそんなことはない。

こんな話は実際にいくらでもある。たとえばあなたが大手自動車メーカーで働いていて、ある車種に欠陥が見つかり、リコールを発表しなければならない事態に直面したとしよう。

しかし、もうすぐ株主総会が迫っていて、今の段階でリコールを発表してしまうと、株価に大ダメージを与えてしまう。そんな状況で株主総会を迎えたら、謝罪や説明では済まず、経営幹部の交代や大規模なリストラを株主に約束しなければならないだろう。

そんなことになったら、会社の経営母体そのものが揺らいでしまうかもしれない。だから、組織の論理としては「リコールを発表するのを遅らせよう」ということになる。

しかし今現在も、欠陥のあるリコール対象車に乗っている人は何十万人、何百万人もいて、（今は起こっていなくても）発表が遅れることで深刻な事故が起こってしまうかもしれない。

こんなとき、会社は（そして、あなたは）どんな判断をすべきだろうか。

もしあなたが「一番大事なのは人命なのだから、すぐにでもリコールを発表すべきだ」と正しい意見を言ったとしても、「それで会社が潰れたり、株価が暴落して大勢の仲間がリストラされたりしてもいいのか？」「あなた自身がリストラされたり、関連会社へ飛ばされたりしてもいいのか？」「それで家族と離ればなれになったり、子どもを中国や東南アジアに連れて行くことになったりしてもいいのか？」と言われたらどうだろうか。

あなたは答えに窮し、意見を取り下げてしまうかもしれない。

そうやって、組織の自浄力はどんどん喪失していくことになる。

東芝の粉飾決算にしたって基本的な構造は同じだ。誰だって、決算書を改ざんすることに問題があることくらいわかっている。できることなら、そんなことはやりたくない。

しかし、「会社を守ること」はすなわち「従業員を守ることだ」「従業員を守ることは、その家族を守ることでもあるのだから……」と都合よく組織の論理が正当化され、あたかもそれが正義であるかのようにすり替えられ、暴走していくことは本当によくあるのだ。

▼組織を殺す「成功体験」

「自浄力の喪失」には、それを支えている三つの要素があると私は常々考えている。

一つ目は「過去の成功体験」。

東芝にしろ、そのほかの（不祥事が明るみに出た）企業にしろ、問題が発覚するまでは「うまくいっていた」わけだ。

そんな成功体験があるからこそ、（それが間違った方法だとしても）「今回も同じようにやっておけば大丈夫」という心理が働いてしまうのは想像に難くない。上司からは「これまでずっとそうやってきたのだから、今回も大丈夫だ」と言われ、最初は疑問に思っていた部下も、いつのまにか「そういうものか……」と思うようになり、結果として悪事に手を染めてしまう。

そんなことを何度もやっているうちに、命じる上司にとっても、命じられる部下にとってもそれが「当たり前」になる。

このように過去の成功体験があるがゆえに、これまで五回成功していれば「次も必ずうまくいく」とつい思ってしまうのだ。

▼トップに立つまでつきまとう恐怖感

二番目の要素は「保身」だ。

「ここを辞めたら次がない」「自分が失業したら、家族が路頭に迷う」という切迫した思いを持っている人にとって、「組織に背いて正しいことをしろ」なんて言葉ははっきり言って意味を持たない。「正しいとか、間違っている」なんてことは究極的にはどうでもよくて「自分の身を守れるか、どうか」しか頭にないからだ。

だから、仮に部下が「それは間違ってます」「そんなことは今すぐやめるべきです」と進言してきたところで、上司はそれを握りつぶすに決まっている。

もちろん「ほめられた上司」ではないが、そんな上司にも同情の余地はある。

その上司だってリストラされるリスクを常に抱えているし、リストラされないまでも、今のポジションを維持することに彼ら、彼女らは必死なのだ。

彼らだってその上の上司の顔色をうかがわなければならないし、自分の管轄する部署から問題が発生すれば、その上司自身も次はない。

銀行では本店から地方へ飛ばされたら「片道切符で、帰りはない」と言われたりするが、一度の失敗でその人のキャリアが台無しになってしまうケースは、多くの会社で起こり得る。

つまるところ、部下も、上司も、立場は違えど「次はない」という切迫した状況で、保身を考えないではいられないのだ。

身も蓋もない言い方にはなるが、あなたの上司が保身ばかりを考えているとしても、むしろそれが上司として当たり前の姿だと思ったほうがいい。

▼隠蔽は「ここ」から漏れる

最後の三つ目の要素は「隠蔽可能だと思っている」という点だ。

これは過去の成功体験とも関連してくるのだが、組織の中で起こった問題を「隠蔽できる」と思っている人が、まだまだ大勢いることに驚かされる。

本書でも東日本大震災後に被災地を訪れた復興大臣の話に触れたが、記者たちを前にして「これはオフレコで」と一言言えば、本当にオフレコになると思っているのだから、じつにおめでたい。

企業の中にも「これは絶対に社外に漏らすな」と箝口令《かんこうれい》を敷けば、それで乗り切れると思っているような時代錯誤の人もけっこういるが、今やそんな時代ではない。

問題を隠蔽できない時代だからこそ、組織内の自浄力がより問われているというのに、問題の発覚を恐れ、隠し通そうと考える企業幹部が今なお少なくないようだ。

百歩譲って、経営者や幹部がそう思うのは勝手だが、そのすぐ下にいる部長や課長たちは、自ら判断する立場にないにもかかわらず、隠蔽の片棒を担がされるのだからたまったものではない。

組織で働いている以上、このリスクについてはしっかり認識しておくべきだろう。

私がこの本で「組織の論理に反して、正しいことをすべきだ」と言うのは単なるきれいごとかもしれないが、その一方で「もはや隠蔽できる時代ではない」という状況を考えれば、組織の論理に従うことが、かえって大きなリスクになるという可能性も十分に考慮しておいてもらいたい。

かつては、内部告発をしようとしたらマスコミに手紙を送るなど、割に仰々しいアクションが必要だったが、今の時代は、ツイッターでつぶやいたり、2ちゃんねるに書き込んだりすればそれで終わりだ。

よくも悪くも、じつに手軽な時代なのだ。

私は何も、問題を告発することを過度に奨励しているわけではない。

しかし、組織の論理で犯罪行為（あるいは、社会的信用を失うようなモラル違反）をしていると、あなたのすぐ下の部下が告発することだって十分に考えられる。

そうやって問題が発覚したとき、本当に組織の上層部が責任を取ってくれたり、あなたを守ってくれたりするだろうか。決してそんなことはないだろう。結局、彼らだって自分の保身しか考えていないのだから。

そのときに、あなたは本当に自分の身を自分で守ることができるのか。

非常に厳しい選択だが、それくらいのことは長い目で見て、冷静に考えておかなければならないのだ。

▼「組織の被害者」にだけはなってはいけない

そして、もう一つ。

組織の問題を深刻に捉えすぎたり、自分一人で抱え込んだりしないようにすることの大切さも、最後に付け加えておきたい。

組織の中で相応の立場になれば、「会社を揺るがす秘密」をあなた自身が抱え込んでしまうことだってあるだろう。組織の秘密を抱えることがストレスになって精神疾患を患う人も多いし、そういう人の中には自殺を考える人も少なくない。

「話してはいけない」「話すことができない」というストレスがあまりに大きくなりすぎて、「自分が死ねば誰にも迷惑をかけずに済む」という発想に飛びついてしまうようだ。それで楽になれるとすら、考えてしまう人もいる。

しかし、それは完全に間違っている。

まず、あなたがそこまでの責任を負う必要はそもそもない。組織や上司があなたに責任を押しつけようとしているだけで、実際には、あなたが組織を背負っているわけではないのだから。

仮にあなたが問題を告発したり、秘密を漏らしたりすれば、場合によっては大きな社会問題になるかもしれない。

でも、それだってあなた個人のせいではないし、遅かれ早かれ、何かしらの形で問題は発覚するものなのだ。もしかしたら、これまでに行った行為のせいで、刑事責任を問われたり、社会的信用を失ったりすることもあるかもしれない。

しかし、それにしたって世間は「あなた一人が悪い」などとは決して思わないし、「組織の被害者」という見方をしてくれる人も多い。もともと、それが真実なのだ。

だから、私は精神科医として、問題を深刻に捉えすぎたり、自分一人で抱え込んだりすることだけは、やめてほしいと思っている。

組織や上司はいろんなことを言ってくるだろうが、結局は、その人たちだって自分の保身が第一なのだ。そんな上司の保身のために、あなた自身が犠牲になる必要はこれっぽっちもない。

むしろ、あなた自身の心や体、家族や人生を大事にすることのほうがはるかに重要だということを、絶対に忘れないでほしい。

第5章

暴走上司をいなす「心理」戦略

▼上司は例外なく「素人」

前章では「迷惑な上司と向き合うのは、いかにむずかしいか」というテーマで社会的、組織的な背景を取り上げた。

いよいよ第5章では、それらの問題や状況を踏まえたうえで「どのような対処法を取るべきなのか」という具体的な方法について考えてみたい。

どんな対処法を取るにしても、その大前提として「上司にあまり期待しない」という意識が重要だと私は考えている。

厳然たる事実として、世の中には「ひどい上司」「困った上司」がたくさんいる。

しかし、部下であるあなた自身が「上司とはこうあるべきだ」「これくらいのことはしてほしい」「最低でもこのレベルは必要だ」などの期待、理想、幻想、場合によっては妄想を抱いていることも少なくない。

残念ながら、「上司という病」と向き合うには、そんな期待を捨てるところから始めなければならない。

日本の社会や企業ではマネジメント教育が不十分だとすでに述べた通り「上司とはどういうものか」「マネジャーの役割とは何か」ということについてきちんと学んでいる人は少ない。そもそも意識すらしていない人も大勢いる。

それでいて、保身ばかりを考え、部下の手柄は自分のものにするし、自分に責任が降りかからないように身の振り方ばかりを考える。

元来、上司とはそういうものと割り切るべきだ。

いい上司に出会えるというのは、理想の結婚相手が見つかるような、とてもラッキーな出来事である。そしてその半面、ダメな上司に出会うのは、決して不幸ではなく、それが普通なのだ。まずはそう思ったほうがいいだろう。

たとえば「上司の言うことがコロコロ変わる」という悩みや不満を打ち明ける部下は多い。もしかしたら、あなたもそんな上司に悩まされているかもしれない。

しかし、冷静に考えてみてほしい。

仕事をするうえで「最初からすべてを見通し、一貫した指示を出す」なんてけっこうな能力がいる話。一般的に言って、世の上司たちにそこまでの能力はないだろう。また、情報収集も不足しているし、状況分析も甘いだろう。

最初からその程度の上司だからこそ「Aのやり方でいこう」と言ったそばから「やっぱりBにしよう」なんて言い出すわけだ。

何より、そういう認識が必要だ。

上司の側が素人なのだから、部下であるあなた自身が（部下として）優秀かつプロフェッショナルになるしかない。もっと言えば、部下として「上司をマネジメントする力」を身につけるしか方法はないのだ。

やや厳しい言い方にはなるが、ダメな上司に対して文句や愚痴《ぐち》を言っているうちは「プロの部下」になり切れていない証拠。あなた自身に、上司をマネジメントする能力が足りないということだ。

上司に対する期待、理想、幻想、妄想はすべて捨てて、あなた自身が「上司をマネジメントするプロフェッショナル」になること。そこからしか解決の道は見えてこない。

▼「あの人は、何を恐れているのか」という視点

さて、実際に上司をマネジメントするにあたっては「傾向と対策」がとにかく大事になっ

てくる。高校・大学受験のときなどに、傾向と対策を考えただろう。

上司に対してもまったく同じアプローチが効果的だ。

たとえば、「何でも自分で決めないと気が済まない上司」「何かと首を突っ込んでくる上司」についてはどうだろうか。

このタイプに向かって「少しは自分たちに任せてほしい」「何もかも首を突っ込まないでほしい」と思うのは、二流の部下のやることだ。はっきり言って対策が一八〇度間違っている。

「何でも自分で決めたがる上司」には、ご要望通り、何でも決めさせてあげればいいのだ。

ちょっとしたことでも「○○部長、この件はこういう方向で進めたいと思いますが、部長の判断はいかがですか？」と指示を仰ぎに行ったり、「じつは、A案とB案で決めかねていて、どうしても専務のご意見を聞かせていただきたいのですが……」と意見を聞きに行ったりする。たしかに、これをやると一手間増えて、面倒だとは思う。

でも、そうやって上司をその気にさせておいたほうが、後々スムーズにことが進むことが圧倒的に多いだろう。

心理学的に言えば、相手の承認欲求や自己愛を（先回りして）満たしておいてあげるのだ。

そもそも「何でも自分で決めたがる上司」というのは、自分が関与しているという感覚を得たいようだ。裏を返せば、「自分の知らないところで進んでいる」ということをとにかく嫌う。不全感を抱えている人が多いので、「自分がいなくても仕事が進んでいく」という状況が怖くて仕方がないのだ。

そういう傾向がわかっていれば、そんな恐怖や不安を煽ってもロクな結果にはならないので、「〇〇部長の判断なしに、プロジェクトを進めるなんて無理ですよ」「せめて、最終的な意見を聞かせていただかないと……」というスタンスを取ることが重要だ。

現実的には、「本命のA案」と「どうでもいいB案」を持って上司の意見を聞きに行けばいいだけの話だ。

そういう割り切った考え方で「傾向と対策」を考えるほうが、あなた自身のストレスも減るはずだ。

▼欲求〝だけ〟を満たす賢いイエスマン

ここまで読んできて、賢明な読者の多くは「それじゃあ、イエスマンと同じじゃないか」

と思われたかもしれない。たしかにはたから見れば、上司のご機嫌を取るイエスマンと同じように見える部分も多いだろう。

結論から言って、私はそれでいいと思っている。イエスマンはイエスマンでも、「賢いイエスマン」になればいいのだ。

本書のメインテーマは「上司という病」だが、そもそも私たちは「上司という病」を治してあげようとしているわけではない。

何よりも大事なのは、「上司という病」によってあなた自身が被害を受けないようにすること。ここを忘れてはならない。

では、「賢いイエスマン」とはどんな人間か。

普通、イエスマンと言われれば、上司の意見にすべて賛同し、自分の意見を一切出せない人間を想像するだろう。もしくは、この本でも紹介した「上司が求める結果を、先回りして実現する」一流のイエスマンのような人物を思い浮かべるかもしれない。

しかし、そういった従来のイエスマンに陥ってしまっては、確かに嫌われはしないだろうが、上司に思うように操られたり、ひどい仕打ちを受けたり、イヤな仕事を押しつけられたり、不当な責任を負わされたりする羽目になりかねない。それは大きな問題だ。上司が求める結果を先回りして実現する過剰適応が、「上司という病」を助長させてしまうことは、再三述べてきた。

「賢いイエスマン」は、こうした従来のイエスマンとは異なる。上司が望む〝結果〟ではなく、その裏に潜む〝根本的な欲求〟や〝欠乏感〟を満たすことで相手を上手に操り、自分の利益（自分の評価を高めるとか、仕事をやりやすくするということ）を増やせる人のことだ。こうした行動であれば、どんどんやればいいと私は思う。

それは上司をマネジメントするために必要かつ効果的なアプローチだからだ。

もちろん、あなたが「賢いイエスマン」を演じることで、部下や後輩からの信頼を失ってしまっては元も子もない。そのあたりのバランスを取るとか、どんな考えで「賢いイエスマン」を演じているのかをきっちり話すということは必要だろうが、上司に対する傾向と対策を練り「適度に気持ちよくさせる」のは〝基本のき〟だ。

▼「自分が絶対正しい」人に意見を通すには

「自分が絶対正しい」と思い込み、周囲の意見を聞かない上司にはどのような対策を取ればいいのか。まずはこのタイプについて考えよう。

第一に、この手の人たちは「自分の意見を言いたいんだ」ということを理解しておかなければならない。

よくクレーム処理のプロたちが「とにかく、相手にしゃべらせることが大事なんだ」と言うだろう。「自分が絶対正しい」と思っている人も基本構造は同じ。

彼らは自分が否定されることがとにかく大嫌いなのだが、それ以前に「自分の話を聞いてくれない」という状況にはもっと腹を立ててしまうのだ。

だから、相手の意見が「正しい、間違っている」というのはとりあえず度外視し、「今は聞いてあげるタイムなんだ」と割り切って、上司の話を聞いてあげよう。

その際には「すごいですね」「おっしゃる通りです」なんてヨイショは不要なので、とにかく真剣に、誠実に聞いてあげよう。それだけでも相手は気持ちよくなるはずだ。

さあ、問題はここからだ。

「自分が絶対正しい」と思っている人に、いかにしてこちらの意見を認めさせるか。

そもそも、このタイプが心の内に持っているのは、次の三つに集約される。

① 過去の成功体験
② 自分は特別だという意識
③ 自分が無能だと思われたくない（否認）

注意深く観察していると、たいていはこの三つの要素で話が構成されているので、相手の気持ちを逆なでしないように、上手にマネジメントしていく（操っていく）ことが肝心だ。

過去の成功体験を持ち出して「こうするべきだ」「私の言う通りにしておけば間違いない」という上司は大勢いるが、時代は移り変わっているので、過去の成功体験など役に立たないことも多い。

しかしだからといって、そこを真っ向から否定してしまうと、②の「自分は特別だという意識」も、③の「無能だと思われたくない」という願望もすべて否定することになってしまい、上司を追い詰めることになる。

相手を追い詰めたところで、かえって頑なになるだけだ。

ここでのポイントは「私たちは、あなたほど優秀ではないので、同じようにはできないんですよ……」という論法で話をすることだ。

「〇〇部長のおっしゃっていることは、本当に理解できるのですが、私たちは〇〇部長ほどの能力も経験もないので、同じようにして、同じ結果を生み出すことはむずかしいと思うんですよ。部長も、そうは思いませんか？」

そんなふうに言われたら、当の部長も「まあ、そうかもしれないが……」と同調したくなるだろう。

この論理をもう少しひもとくと、「あなたの成功体験」はすばらしいけれど「あなたが特別」だからうまくいったのであって、私たちにはできませんよ、という構造になっている。

①②③を巧妙に利用している戦法なのだ。

「自分が絶対正しい」と思っている上司に、違う意見を伝えて説得したいと思ったら、とにかく相手の成功体験を否定せず、「あなたは特別なんだから……」と自尊心をくすぐることが一番。

このやり方で一〇〇％うまくいくというわけではないが、真正面からぶつかっていくより、上司をマネジメントできる可能性はかなり高くなるはずだ。

▼細かすぎる上司には「アシスト思考」

「自分が絶対正しい」と思っている人とも重なってくるのだが、とにかく細かいところを突いてきて、大枠の話がまったくできない上司がいるだろう。

「企画の概略について話したい」と言っているのに、「この数字は合っているのか?」「これはどの会社に発注するのか?」「担当部門のOKは出ているのか?」「マーケティング調査の結果はどうなっているのか?」など、細かい話に終始して、全体としては何も進まない。そんな苦い経験を持つ人も多いだろう。

「強迫性障害」(かつては「強迫神経症」と呼ばれていた病気)の人などは、特にこの傾向が強く、細部にこだわって、まったく全体が見えていないということがある。

全体的な傾向で言うと、高学歴で、勉強ができた秀才に多いタイプと言えるかもしれない。そもそも学校の勉強というのは、全体的にどうこうというより、細部の精度を上げていくことで、どんどん点数が上がっていくシステムになっている。

そういう勉強が得意だった人ほど「細部を積み上げることで、全体のクオリティーが上がっていく」という感覚を大人になってからも持っていて、つい細かいところばかりに目がいってしまうようだ。

こうした上司と向き合うときは、できるだけ客観的なデータを集めて「こういう資料やデータがありますが、○○さんはどう思われますか？」というコミュニケーションを心がけるといいだろう。

相手はいわゆる「学校の勉強ができるタイプ」なので、データなどの客観的事実を示すのは大きな効力を持つだろうし、その上で「あなたはどう思いますか？」と尋ねてあげれば、相手の自己愛も満たされる。

このタイプの上司に対しては「何かを提案する」というより、「データを集めて、最終的なゴールは上司に決めさせる」というやり方のほうがうまくいくケースが多い。つまり、アシストをしてあげるのだ。

資料が詳細であればあるほど「よく調べてきたね」などと高評価を得られる可能性も高いので、オススメの方法だ。

▼決断できない人間には、「選択」を迫る

「何でも自分で決めたがる」のとは正反対で、何を聞いても「それくらい自分で考えろ」と言う上司がいるだろう。

こういう上司の場合、すぐに答えを与えることはせず「部下に考えさせたい」というまともな発想から「自分で考えろ」と言っている人もいる。部下育成という意味では、非常に正しい対応と言えるかもしれない。

しかしそれとは別に「そもそも答えを持っていない」「自分では何も決められない」というやっかいな上司もいるので要注意だ。

部下の立場にしてみれば、「それを考えるのが上司の仕事だろ！」「そのくらい決めてもらわないと困る！」と文句の一つも言いたいところだが、そういうときこそ「上司への期待は捨てなければいけない」という言葉を思い出してほしい。

上司なんて、結局は保身を第一に考えている存在でしかないのだ。

その大前提に立って、どうしたらこの上司を上手にマネジメントできるかを考えなければ

ばならない。

「答えを持っていない上司」「決められない上司」に対しては「イエス・ノー」で答えられる質問をするとか、初めから二案を持っていって「どちらがいいと思いますか？」と尋ねてみるとかして、相手が答えやすいように工夫するしかない。

「なんで、部下である自分がそこまでやってやらなければならないのか！」という気持ちはじつにもっともだが、そこはグッと抑えよう。素人である上司に対しては、部下であるあなたがスキルアップするしかないのだ。

だから、上司には簡単な質問をして、言質を取ったら、さっさと帰ってくる。

このやり取りに徹したほうがいいだろう。

上司によっては、自分では決められないくせに、部下が持ってきた案については「ここは、ちょっと違う気がするな……」「もう少し、考えたほうがいいなぁ……」などと文句や注文だけは一人前につけてくる人がいる。部下が持ってくる企画や資料に対して、「一言、二言ダメ出しをする」というのが上司の仕事だと思っているようだ。

じつに面倒な存在だが、そういう上司に対しては八割程度の資料を一度持っていって、上司に（気持ちよく）ダメ出しをさせてから、完成度の高いものを再び持っていくなどの工夫も必要だろう。

▼責任逃れを未然に防ぐには

続いて取り上げるのは「責任を押しつけてくる上司」だ。

困った上司は大勢いるが、直接的な被害がもっとも大きいのは、この「責任を押しつけてくるタイプ」ではないだろうか。

本書では、東芝の例などを挙げながら組織の論理に押し切られ、悪事に手を染めてしまう危険性について言及してきたが、このような場合「上司の指示があったのか、なかったのか」「本当の責任は誰にあるのか」という点が重要になってくる。

あるいは、そこまで大きな社会問題ではなかったとしても、たった一つの判断ミスが何百万、何千万円という損失を生むケースは決してめずらしくない。その場合、「果たして、それは誰の判断だったのか」というのはとてもシビアで、重要な問題になる。

多くの人が日々の仕事に忙殺され、あまり意識していないかもしれないが、「あの上司は責任を取らない人だよなぁ」「すぐに人に責任を押しつけるタイプだ」ということがわかっているなら「いざというとき、責任を押しつけられないための対策」を普段から考えておく必要があるだろう。

ここから先はごくごく基本的な防衛策だが、まずは、できる限り一対一でのコミュニケーションを避けることが大事。密室で、一対一のやり取りをしていると、最後は「言った、言わない」の話になってしまう。

そうなったら、ほとんど部下に勝ち目はないと思ったほうがいいだろう。たいてい会社側は上司の言い分を採用し、部下の話には耳を傾けてくれない。

だからこそ、そうなる前の対策が必要なのだ。

もし一対一でのやり取りが不可欠で、「なんとなく危ない感じの話になりそうだな……」というときはＩＣレコーダーを忍ばせ、こっそり録音しておくべきだ。

多くの人が「そこまでやらなくても……」と思うだろうが、上司に一切の期待をせず、自分の身は自分で守ることを考えると、それくらいのことが必要な場面もあるだろう。

法律に触れるような重大事ではないとしても、一対一の密室というのは、暴言を吐いたり脅したりするようなパワハラやモラハラなどが起こりやすいので相応の防衛策が必要なのだ。

録音ができなければ、密室でのやり取りを終えたらすぐにメモを取って、日付と時間を入れて残しておいたほうがいい。きちんとした記録が残っていれば、それなりの証拠になるので、危険性を感じている人はぜひともやっておいてほしい。

そしてもう一つ。

上司とのやり取りは、できるだけ口頭で済まさず、書面やメールなど証拠が残るようにしておくことも大切だ。

「間違いがあるとかえってご迷惑をおかけしてしまいますので、一度メールで指示の内容を送っていただけますでしょうか」と上司に依頼することを習慣づけておくといいだろう。

また、仮に口頭のやり取りだったとしても、すぐあとで「念のため、確認をさせていただきます。○○の件は、このような形で進めさせていただきますが、よろしいでしょうか」という趣旨のメールを送り、やり取りを残しておくという方法もある。

責任を取らない上司というのは、いざとなったら常人には信じられないような逃げ口上を打ってくる。そんな彼らの精神構造を頭に入れた上で念には念を入れておくくらいでちょうどいいのだ。

▼〝匂わせる〟交渉術で丸投げさせせない

「責任を取らない上司」「自分で判断しない上司」と似通っているタイプに「何でも丸投げしてくる上司」というのがいるだろう。

これもなかなか微妙な話で、ものすごく好意的に解釈すれば「部下を信頼し、仕事を任せてくれる上司」という言い方もできる。実際、そうやって部下に放り投げることで、部下を育てていく上司はいる。

それはもうケース・バイ・ケースで判断してもらうしかないのだが、だからこそ、次の二点はシビアに検証しておくべきだろう。

・何かあったときに責任を取ってくれる人なのか？
・自分が面倒な仕事を、他人に押しつけているだけではないのか？

この二つのポイントのどちらか（あるいは両方）に問題がある場合は、それなりの対応策が必要になってくる。

過去に私が勤務していた病院でも、面倒な患者を部下である若い医師たちに丸投げするなんてケースはよくあることだった。一般の企業でも「気が弱い人」「反論しない人」「お人好しの人」ほど割に合わない仕事を振られて苦しんでいるという話はよく聞く。

仕事の種類や内容によっては、日数、予算、人員が明らかに不足しているのに「今月中に頼むな」なんて軽い言葉で任されてしまうこともあるだろう。

そして、その仕事が完遂できなかったときには「なんで、できなかったんだ!」「できないなら、できないって最初に言えよ!」などと徹底的に責め立てられてしまうのだ。

では、実際にどのように対処すればいいのだろうか。

まず仕事を丸投げされた際に、自分の置かれている状況、振られた仕事の内容、条件などによって以下の二つのうちのどちらかを選択する必要があるだろう。

①断る(あるいは、その仕事ができない可能性を伝える)
②条件等の部分交渉をする

自分に振られた仕事が手に余る場合には、その旨はきちんと伝えなければいけない。「断りの意思」を伝えるのだ。

ただし、ここでのポイントは「私が引き受けて、もしできなければ、上司である○○さんにもご迷惑をおかけしてしまう」というニュアンスを込めることだ。ここが〝結果〟を本当に実現しようとする普通のイエスマンと、上司の〝欲求〟を表面的に満たすにとどめ、自分を守ることのできる「賢いイエスマン」との違いである。

この仕事は、私の能力では手に余ると思います。ミスをするとか、期日までに完成しないという場合には、○○さんのお立場も悪くなってしまうと思いますので、私以外の方にお願いするよう再検討いただけないでしょうか。

というくらいの話はメールで、相手に伝えておくべきだろう。

もちろん上司は快く思わないかもしれない。しかし、実際に仕事をやってみて、できなかったなんてことになったら、もっと関係は悪化するし、社内でのあなたの評価も下がってしまう。

そのあたりをトータルで判断すれば、最初の段階で思い切ってこれくらいのメールは送っておくべきだろう。上司だって、結局は保身が一番大事なので、このままあなたに仕事を丸投げして「自分の立場が悪くなったらどうしよう」と考えるはずだ。

大事なのは「相手の保身への欲求をくすぐる」ということだ。

本当に、自分の能力では手に余る仕事を振られたときには、ぜひこの方法を試してみてほしい。

▼NOと言わずに意見を通すには

次に「完全に断るわけではないけれど、条件などを交渉する」というケースについて考えてみよう。

じつは、迷惑上司とのつきあい方において、この「部分交渉」というのはとても大事なキーワードになってくる。

モラハラ、パワハラ、セクハラなどすべてそうだが、迷惑な上司というのは「反論しない人」「気が弱い人」「相手の欲求を満たそうとする人」などをターゲットにしてくることが圧倒的に多い。

つまり、「コイツには何を言っても大丈夫」「何も言い返してはこないだろう」と思われていること自体が大きな問題なのだ。

とはいえ、相手は上司なので、あまり正面切って反論したり、文句を言ったりするわけにもいかない。

そこで登場するのが「部分交渉」というわけだ。

たとえば、予算、日数、人員ともに不足している仕事を振られた際に「ちょっとこの予算と日数ではできかねますので、せめて予算を増やしてもらうことと、締め切りを一週間ほど延ばしてもらうことを検討していただけませんか」という交渉をするのだ。

交渉の結果、「これなら実現可能かな……」というラインの条件を引き出せればそれでいいいし、もしその条件が引き出せなければ、前述した「断るパターンのメール」を送るなど次の手を考えればいい。

ここで何より大事なのは「こいつはオレの言うことを黙って聞きはしないんだな……」と上司に思わせること。

はっきり言えば「ちょっと面倒な部下」になるのだ。

上司の心証を悪くする可能性も多少はあるかもしれないが、そもそも「コイツは何を言っても大丈夫」「私の言いなりになる」と思われている時点で、好かれているとも、高い評価を得ているとも考えにくい。

それならば「こいつはちょっと面倒だな」と思われるくらいのほうが、何かと仕事もやりやすくなり、ストレスも減る。

これは終業間際に仕事を振ってくる「部下の時間を考慮しない上司」に対しても有効な方法だ。

夕方五時や六時になって「これ、明日の朝イチまでによろしくな」と言われたら、まずは部分交渉だ。

「今から急いでやって、もしミスでもしたら○○さんにも迷惑をかけてしまいますので、明日の午後まででもかまいませんか?」と、「アンタの立場も悪くなるんだぞ」という脅しを匂わせつつ、部分交渉をする。ここでも、相手の心の奥を見すえた上での交渉を心がけよう。

もちろん交渉するのが「時間」とは限らない。「この資料のすべてを明日までにチェックするのは無理なので、半分だけやって、残りは明後日でもいいですか?」という交渉の仕方もあれば、「私一人ですべてをやるのはむずかしそうなので、半分は別の誰かにお願いしてもらえますか？」という言い方もある。

部分交渉をするのは、「仕事をミスなく完遂する」という現実的な意味でもとても大事なやり取りだし、加えて「コイツは黙って引き受けない」という印象を上司に与えるという間接的な意味でも効果が高い。

ぜひとも試してみてほしい。

話はちょっと横道に逸れるが、これは上司・部下の関係に限らず、取引先やクライアントなどに対してもとても有効なコミュニケーション・テクニックだ。

どんな相手、どんな関係においても、「コイツは押せば、自分の言いなりになる」と思われたら、どんどん立場が悪くなっていく。相手は強気な条件をどんどん突きつけてくるようになり、社外的にも、社内的にも、あなたは窮地に立たされる。

「気が弱い人」「波風を立てたくない人」などは、どうしても向こうの言いなりになりがちなので、せめて一つだけでいいので、部分交渉をする練習をしてみてほしい。

たとえば、取引先から「これ明日までにお願いします」と依頼を受けたとしよう。

そんなとき、「無理をすればできるかな……」という状況であっても、すぐには引き受けず、「明日というのは厳しいので、できれば来週の月曜日まで待ってもらえませんか？」

と一度は部分交渉してみてはどうだろうか。

その交渉によって、あっさりと「来週の月曜日でもいいですよ」と言われればラッキーだし、「いや、どうしても明日までに」ということになれば、当初の予定通り、無理をして明日までにやればいいのだ。

しかし、一度部分交渉したおかげで、「無理をして、明日までにやる」ということで相手に貸しをつくることができる。

この手の交渉が苦手で、何でも相手の言いなりになってしまうという人は特に、あまり大きな問題になりそうにない場面で、部分交渉の練習をしてみてはいかがだろうか。

▼「いい関係」だから断れない

これまで本書では「上司という病」というテーマで、迷惑極まりない上司のケースをたくさん取り上げてきた。

しかし、実際に組織で働く人たちに話を聞くと、「迷惑上司というわけではなく、むしろいい上司で、そんな上司と仲がいいからこそ、いろんなことが断りづらい」という悩みを打ち明ける人がけっこういた。

終業間際に仕事を頼んでくるケースにしても、「部下の時間を考慮しないダメ上司」というわけではなく、部下のことを信頼し、普段から親密な人間関係を築いているからこそ、軽い口調で頼んでくる上司がけっこういるらしい。

頼まれた部下の側も「ああ、今日も残業になっちゃうなぁ……」と心の中では思うものの、いつも世話になっている上司だし、仲もいいので、なんとなく「いいですよ」と引き受けてしまう。

そんな関係にちょっとした不満や悩みを感じているのだ。

なかなかむずかしい問題だ。

この問題については上司の問題というよりも「部下の心の中にある三つの思い」が大きく作用していると私は分析する。

一つ目は「他人の欲望を満たそうとする心理」。

これはモラハラやパワハラなどの被害者にしばしば認められる心理であり、ほとんど無意識かつ反射的に「相手の欲求を満たそう」としてしまうものだ。子どもの頃から親に厳しくしつけられ、いわゆる「いい子」で育ってきた人に多く見られる傾向である。

そんな人が社会に出ると、常に上司の顔色をうかがい、「どうしたら、上司が喜んでくれるだろう」ということをしきりに考えるようになる。

もちろん、上司にしてみればとてもありがたい存在だ。よく気がつくし、こちらの要望も快く引き受けてくれるのだから、理想的な部下と言える。

ただし、この種のタイプは「自分の欲求や事情」よりも相手の欲求を優先してしまうため、ストレスをためやすいので注意が必要だ。

▼平和主義者のもとに平和は訪れない

二つ目のポイントは部下が上司に抱く承認欲求だ。

本人が「意識しているか、無意識でやっているか」という違いはあるだろうが、仲のいい上司からの要望を断れないのは、心のどこかに「この人に認めてほしい」という思いがあるからだ。

つまり、「上司と仲がいいから断れない」のではなく、「自分をよく見せたいから（部下の側が自主的に）断らない」のだ。

ちょっと厳しい言い方かもしれないが、部下自身もそういう心理が働いていることをきちんと認識すべきだろう。

ちなみに、三番目のポイントは「波風を立てたくない」という心理なのだが、結局のところ「仲のいい上司からの要望を断れない人」というのは八方美人の平和主義者なのだ。

平穏で、波風の立たない人間関係を維持したいから、「ああ、また頼まれちゃった……」「ちょっと面倒だな……」「もう終業時間なのに……」などの思いを飲み込んで、快く引き受けてしまう。

もちろん、それも職場を円滑にさせるコミュニケーション術の一つではある。

しかし、そうやって八方美人の平和主義者のままでいると、周囲にとって「都合のいい存在」「何を言っても、反論しない人」にどんどんなっていってしまう。

すると当然、迷惑上司の被害者にもなりやすくなるし、組織の中でイヤな役回りばかりをさせられることになる。

やはり一度は、自分のコミュニケーションスタイルを見直すべきだろう。

そもそも、上司に対して「自分の意見や要望を言えない間柄」というのは、本当に良好な関係と言えるだろうか。それは、あなたが我慢してまで守るほどの「大事な関係」なのだろうか。

評価についても同じことが言える。

もし、あなたが自分の言いたいことを言わず、上司に言われた通りにすることで、ある一定の評価を得ているとしたら、それは「本当の評価」と言えるだろうか。それは「評価されている」のではなく、「上司にとって都合のいい部下」だと思われているだけではないだろうか。

本当にいい上司で、上司との良好な関係を築けているとしたら、部下であるあなた自身の都合や事情、意見や思いを伝えたところで、関係が壊れることはないだろうし、あなたの評価が著しく下がることもないはずだ。

それが本当の意味での「いい上下関係」なのだ。

▼「上司に好かれている」というリスク

最後に「相手の好き・嫌いによって態度を変える上司」について考えてみよう。

自分の好みで態度を変えるなんてプロの仕事人としては失格なのだが、そもそも「上司には期待しない」というのが大前提なので、そんなことに文句を言っても始まらない。

また、しょせんは人間同士のことなので「好き・嫌い」「合う・合わない」が出てくるのは仕方がない。部下として、ある程度は上司に好かれる努力や気遣いが必要だろうが、「過剰になり過ぎないこと」のほうがむしろ大事だと私は考えている。

そもそも、上司が自分の好きな部下を贔屓《ひいき》したり、優遇したりするのは、支配欲求の裏返しであることが多い。

好きな部下を優遇すると、当然、その部下は自分になついてくるようになる。そうやって自分の仲間にし、味方につけて支配しようとしているのだ。

これは一見すると「親密な上下関係」のように見えるが、こういう関係ほど、後々ややこしい問題に発展することが多い。

まず、上司の側にしてみれば、自分が目をかけてかわいがっている部下なので、関係が密になればなるほど「自分の言うことは何でも聞いてくれる」「普段、かわいがっているのだから、それくらいしてくれても当然だ」と思うようになり、そのハードルがどんどん高くなっていく。

当然、部下としても自分のことを好いてくれ、何かと世話をしてくれるので、できる限り上司の要望には応えたいと思うだろう。

しかし、どんどんエスカレートしていく上司の要望や期待に、いつまでも応え続けるのは不可能である。いつかはそのハードルを飛び越えられなくなり、「さすがにそれはちょっとできません……」「今日は別の予定がありまして……」と言って、上司の要望や誘いを断らなければならない日がやってくる。

そうなると、あとは悲惨だ。

私が知る大学の教授も、ある若い先生のことを「あの先生は研究実績が本当にすごい」「あんな優秀な人材はなかなかいない」とほめちぎっていたのに、あるときを境にボロクソに言うようになった。おまけに、その若い先生の悪評を広め、就職の邪魔をするようになってしまった。

まさに、かわいさ余って憎さ百倍ということで、愛情を注いでいた分だけ、怒りが収まらないのだ。部下にしてみればたまったものではないが、これは決してめずらしいケースではない。

部下が上司に過剰適応して「上司の言うことには何でも賛成」「どんなことでもする」という関係になると、上司の部下に対する期待や要求のレベルがどんどん上がってしまう。

それこそ、夜中の一二時に「今、飲んでるから、ちょっと来ないか」と上司が誘って、「さすがに今日は遅いので……」と部下が断るだけで「オレの誘いを断るって言うのか！」と激怒して、（そんな些細なことで）これまでの関係が致命的に壊れてしまうこともある。

「上司に嫌われている」というのもたしかに深刻な悩みだが、「上司に好かれ、過剰適応している」というのも相当リスクが大きいことを肝に銘ずるべきだ。

粉飾決算や不祥事の隠蔽など、法を犯してまで組織（あるいは上司）を守ろうとするのも、ある意味では、上司や組織への過剰適応の一例だと言える。

今現在、上司との関係が密接過ぎて、過剰適応の疑いがある人は少しずつでも、上手に距離を置くことが必要だと私は思う。

距離が近過ぎるというのは、場合によっては「上司に嫌われている」ということ以上に危険な関係なのである。

第6章
「老害」という哀しき末期症状

▼なぜ、しがみつくのか

第6章では「人はなぜ『上の立場』にしがみつこうとするのか」という観点から老害について語ってみたい。超高齢化社会を迎える日本にとって、老害問題はこれからますます深刻な社会問題になっていく可能性があるからだ。

自分が下にいるうちは、上の人間に対して「さっさと辞めてくれないかな……」「いつまでも組織や立場にしがみつくなんてみっともない」と思っているのに、いざ自分がそのポジションに立ってみると、すっぱりと捨てることはなかなかできない。

老害とは意外にむずかしい問題なのだ。

なぜ、人は「上の立場」を自ら捨てることができないのか。

いったい、彼ら、彼女らは何を守ろうとしているのか。

そんな問いを念頭に置きながら、さまざまな角度から老害について分析してみたいと思う。

▼立場を得た瞬間から「喪失への恐怖」が始まる

そもそも人は一度「上の立場」に立ってしまうと、その瞬間から「失いたくない」という気持ちが芽生えるものだ。老害における深層心理もまさにこれで、一番の原因を挙げるとすれば「喪失への恐怖」ということになるだろう。

本書でも、国会議員を辞めない上西小百合議員については言及したが、彼女に限らず、多くの大物政治家がその席を次の若手に譲ろうとはしない。それどころか「次の選挙で勝つにはどうしたらいいか……」ということで頭がいっぱいになっている。

本来、政治家というのは「国や地域のために、何かをしたい」「こういう社会を実現したい」という目的や理念を持ってなるものだ。選挙に勝つのが彼らの仕事ではない。

ところが、一度議員になってしまったら、「この立場を失いたくない」（だから、次の選挙で負けたくない）という思いだけが強くなるようだ。

国民の税金でたんまり給料をもらっているのだから、そんな気持ちで仕事をされては困るのだが、精神分析の専門家の立場からすれば「喪失への恐怖に縛られる」というのは、人間としてごく当たり前の状態なのだ。

私が知る、ある大学の学長も七〇歳を超えた「いいお歳《とし》」なのに、その席をなかなか後進に譲ろうとしなかった。それどころか「やっぱり船長は、船が沈むときには最後まで残るものだ」なんて言っていつまでも居座ろうとしていたくらいだから、老害というほか言いようがない。

大学のスタッフにしてみれば「あなたがさっさといなくなれば、船は沈まずに済むんですけど……」と言いたいところだっただろうが、もちろんそんなことを言えるはずもない。

人間にとって「一度得た立場を失いたくない」というのはかなり強固な思いであり、それを断ち切ってまで「自ら退く」というのはたいへんなことなのだ。

同じような思いは、もちろん私にだってある。

たとえば、私はこれまで多くの本を出版してきたが、それほど売れることもなく、ベストセラーになるようなこともなかった。

ところが、ある一冊がベストセラーになると、周りの人たちの態度が変わり、私の置かれている立場も一変してしまった。出版のオファーは次から次へと舞い込むし、テレビや雑誌の取材も入れば、さまざまな形で私が仕事をしやすいように優遇してくれるようになった。テレビや雑誌を見た友人・知人たちからは「見たよ」「すごいね」なんて言われるのだから、私としても悪い気はしない。

そんな立場に一度でもなってしまったら、「このポジションを失いたくない」「売れ続けたい」とやっぱり思ってしまうのだ。

▼「チヤホヤされる」という最大級の幸福

「スポットライト症候群」という言葉をご存じだろうか。一度スポットライトを浴びてしまうと、その快感を忘れられないという症状を示した言葉だ。

芸能人や有名人などを見ていると顕著なのだが、「結婚を機に引退します」「普通の女の子に戻ります」「今年いっぱいでアーティスト活動を休業します」「子育てに専念します」などと言いながら、ほとんどの人が何かしらの形で（比較的すぐに）メディアに戻ってくる。

最近は、芸能人ブログも盛んで、第一線から退いていても「私はこんなふうにがんばってます」「子育て奮闘中です」などとアピールに必死な人も少なくない。

山口百恵さんや上岡龍太郎さんのように「辞めると言ったら、スパッと辞める」というタイプの人はほとんどいないと言ってもいい。

それくらい「一度浴びたスポットライトの快感」というのは忘れられないものなのだ。

もちろん、これは芸能人や有名人に限った話ではない。

組織の幹部になってチヤホヤされたり、自分の一言でみんなが動き出したり、誰もが自分に気を使ってくれたりするという環境を一度体験してしまうと、その快感を忘れることができなくなるようだ。

「チヤホヤされること」で承認欲求や自己愛が満たされるし、同時に、「自分はすごい存在なんだ」「特別な存在なのだ」という思い（勘違い）も強くなり、さらに自己愛は肥大していく。

そんな肥大した自己愛を抱えたまま、もし「上の立場」を失ってしまったら、たいへんなことになってしまう。だからこそ「喪失への恐怖」が大きくなる。

そうした構造を本能的に察知しているからこそ、たいていの人は「一度得たポジション」を自ら捨て去ることができず、いかに見苦しくても「今のポジション」にしがみついてしまうのだ。

▼人は「自分の存在感」を失うことを一番恐れる

老害の一番の要因は「喪失への恐怖」。

では、いったい何を失うことを恐れているのだろうか。

ちなみに、本書の第2章では「上の立場になることで得られるもの」として「お金」「名誉」「権力」の三つを挙げた。

もちろん、そのすべてを失うことを恐れるわけだが、年配の人たちが特に恐れるものとしては「自分の存在感」というのが一つのキーワードになってくるだろう。

たとえば、お金にしたって「自分の懐にたくさんのお金を入れたい」という思いももちろんあるだろう。しかし、一生生活に困らないほどのお金を持っていても、自分の立場（名誉や権力）にしがみつこうとする人は多い。

端的に言えば、彼らは「自分の存在感」を失いたくないのだ。

その気持ちはわからないでもない。年齢を重ねるごとに自分の存在感が薄れていくのはとても寂しいことだろうし、大きな影響力を持っている人ほど、その喪失を恐れるのも無理からぬ話だ。

「自分にはこんな力がある」「こんなことができるんだ」と誇っていた人が、その影響力も存在感も失ってしまったら、自分の価値そのものを維持することができなくなってしまうのだから。

「自分の存在感」という意味では、立場や権力にしがみつく人たちに共通した心理の一つに「他人にいい顔をしたい」というものがあるだろう。

よく言えば、他人のために行動したり、便宜を図ったりすることだ。

これだけ聞くと「親切な人」「ありがたい人」という感じなのだが、他人にいい顔をして便宜を図るというのは、支配欲求の表れであり、自分の存在感を示すのに最適な行動でもある。

便宜を図った知人から「○○さんにこんなことまでしてもらえるなんて、感激です」「○○さんて、すごい人脈をお持ちなんですね。本当にありがとうございました」と言われることほど、自己愛が満たされ、気持ちのいいことはない。

それでいくばくかのお金がもらえたら、言うことはない。

ちなみに、私の知り合いの大学の学長は、自分の娘婿《むすめむこ》に大学のシンボルマークやパンフレットのデザインを担当させていた。その娘婿は、別にデザイナーとして活躍していたわけではなく、美大を出た単なる売れない画家だったのだが、娘にいい顔をしたいがために、そんな仕事をわざわざ与えたのだ。

この時点で十分に職権濫用なのだが、この話にはまだ続きがある。

その後、その学長は「日本文化なんたらコース」というわけのわからない学科まで新設し、その売れない画家を教員として迎え入れた。

そこまでくると呆れてものが言えないのだが、「娘にいい顔をしたい」（そういう形で自分の存在感を示したい）というのは、それほどまでに強い欲求なのだ。

そして、そんな露骨なことをしても許されると思っているあたりは、まさに「上司という病」の重症患者と言わざるを得ない。

蛇足になるが、その学長は学会や研究会などで「自分はヒトラーの快感を味わっている」と漏らしていたというから驚きだ。

そんなこと、思っていても普通は口に出さないものだが、そんなことを言ったとしても「そうですね、ハハハ」と笑ってくれたり、「まさに学長はヒトラーと同じ力を持っていますよ」なんて守り立ててくれるイネーブラーがいたのだろう。

脇が甘いにもほどがあるが、それだけの権力や存在感を誇示している人が自ら立場を退くようなことをするはずがない。

事実、その学長は大学スタッフによるクーデターのような形で職を追われることになった。身から出た錆だろう。

▼「出世する人」ほど老害化するワケ

さて、「なぜ老害化が起こるのか」という問題について、今度はガラリと視点を変えて「組織の中で出世する人」と老害との関係を検証してみたいと思う。

じつは以前、あるインタビューを受けたときに「組織の中で出世しやすい人と、老害になりやすい人というのは同じような資質を持っていますか?」と質問されたことがある。

もちろんさまざまな例外はある。

しかし、大企業など大きくて、土台がしっかりしている組織であればあるほど「出世する人」と「老害になる人」にはたくさんの共通点が認められる。

これはなかなか興味深い点なので、じっくり解説していこう。

そもそも、大企業で出世するのはどういう人だろうか。

これについてもさまざまな要素が絡んでくるのだが、大事な要素の一つに「大きなミスをしていない」「重大な問題で責任を取らされていない」という点が挙げられる。

池井戸潤の小説やドラマを見ていると、たった一度のミスで地方や関連会社へ飛ばされる銀行員の話がよく出てくるが、（あそこまで極端でないにしても）出世するには「何事も、そつなくやっていく」ということがじつは大事なのだ。

同期の医師仲間ともよく話していたのだが、病院の院長（それも府立病院、都立病院、国立病院、大学病院など大病院の院長）になるような人というのは「自分が責任を取らないように、うまくやってきた人」が多い。

そもそも病院には表沙汰《おもてざた》にならないレベルの医療過誤や医療事故などがけっこうあって、それをうまくもみ消したとか、訴訟にならないよう示談で解決したという話はいくらでも聞く。

そんなとき、問題の責任を取ったり、矢面《やおもて》に立ったりするような人は決して院長まで上り詰めることはできない。

逆に言えば、うまく責任を回避したり、巧妙に部下に押しつけたりして、自分に火の粉がかからないようにできる人が最終的には院長まで上り詰めていくことになる（全員がそうだとは言わないが、そういう人が多いことは否めない）。

病院や大学などでは特にその傾向が強いのだろうが、一般の企業でも、大きな組織になればなるほど「何事もなくやってこられた人」が出世レースの最後に残っていくことは決してめずらしくはないだろう。

▼無責任なトップはなぜ多いのか

参考までに、あなたの組織の中で、出世しそうな人の顔ぶれを思い浮かべてほしい。

おそらくその人たちの中には「権力志向の強い人」と「正義感の強い人」という二つの種類がいるはずだ。

そしてこの先、途中まではどちらも順調に出世していくだろうが、立場が上がり権力と責任が大きくなるにつれて、いつかは重大な問題にぶち当たる。

そういうとき、「正義感の強い人」ほど責任を取って出世レースから脱落していってしまうだろう。彼らはそういう人種なのだ。

一方の「権力志向の強い人」もキャリアの途中で問題にはぶち当たるのだが、こちらのタイプは権力志向が強いだけあって「保身＝無責任体質」の人なので、平気で他人のせいにしたり、「自分はまったく関与していません」などと嘘をついたりして、なんとかやり過ごしてしまう。

結果として「権力志向の強い人」（保身&無責任体質の人）がどんどん偉くなっていくわけだ。悲しいかな、組織とはそういうものだ。

そんな無責任かつ権力志向の強い人が「上の立場」になるのだから、おいそれと自分からそのポジションを後輩に譲るわけがない。

そうやって老害問題は脈々と引き継がれていく。

もし、正義感や責任感の強い人が正しく出世していたら、「そろそろ自分はいなくなったほうがいいのでは……」「そのほうが組織のためだ」と自ら判断できるかもしれない。

決して簡単なことではないが、少なくとも、そういう期待はできるだろう。

しかし残念ながら、組織の上に立っているのは「無責任体質で、権力志向の強い人」なので、老害というのは構造的になくならないのだ。

▼「排出口」がないという構造的欠陥

老害がなくならない構造的な問題はもう一つある。

それは実力もなく、実績を残しているわけでもないのに、居座り続けることができるシステムだ。

わかりやすいところで言うなら、私立の個人病院には定年がないところがけっこうある。ちなみに、国公立病院では六五歳が定年となっていて、この制度の持つ意味は意外に大きい。

言うまでもなく、六五歳を超えても医師として立派に働ける人も大勢いる。それは「定年がないこと」のメリットの一つだろう。

しかしその一方で、組織の中でただ意味もなく居座っているご老体が何倍もいることを忘れてはいけない。組織の中では重鎮と呼ばれる、この人たちに、いったい誰が引導を渡せるだろうか。

本人は「まだまだやれる」と勝手に思っているし、周りは何も言うことができないのだから、老害が続いていくのを、ただ指をくわえて見ているしかない。なんとも不条理な世界だ。

病院の院長で言うなら七〇代、八〇代は決してめずらしくなく、その息子さんが六〇歳になっているのに、病院では「若先生」なんて呼ばれていたりする。もはや滑稽《こっけい》としか言いようのない光景だが、そんな組織は日本中に溢れているのだ。

そして、もう一つ。

老害と呼ばれる人たちの多くが「業績に関する責任を担っていない」というのも大きな要因だろう。

病院や大学は言うに及ばず、一般企業でも大きな会社になると、会長、顧問、相談役と呼ばれる人たちが何人もいるが、これらの人たちが業績に関する責任を担うことはほぼあり得ない。

つまり、能力があろうがなかろうが、実績を出そうが出すまいが、関係なく居座り放題なのだ。そんなプレッシャーやストレスのかからない状況で、周りの人から手厚く扱われ、それなりのお金が入ってくるのだから、誰が自分から辞めようなんて思うだろうか。

じつはこれは「上司という病」とも密接につながっていて、業績の責任を担っていないから、自分の気に入った人材はそばに置いて、気に入らないヤツは遠くへ飛ばすなんてことが平気でできてしまう。能力や実績を考慮しなくていいからだ。

こういった制度的な問題をなんとかしなければ、構造的に老害はなくならないだろう。

▼ヒマな高齢者はどこに集まるか

そして最後に、どうしても付け加えておきたいのは「高齢者はヒマ」という問題だ。

大学でも、病院でも、企業でも、顧問とか相談役と呼ばれる人が、来なくてもいいのにフラッとやってきて「どうも、どうも」などと声をかけることがあるだろう。

一般の従業員が働いている職場なんかに来られたら、一応、みんなが仕事の手を止めて挨拶しなければならないし、「これは、どうなってるの?」と気まぐれで質問でもされようものなら、「どうせ、何もわからない相手」に一から説明しなければならない。

その結果、やっぱり何も伝わらないまま「まあ、じゃあ、がんばって……」なんて言われて終わるのだから、こんな不毛で迷惑な話はない。

組織によっては専用の部屋を用意して「○○さんが来たら、ここへお通しして、お茶を出して、小一時間相手をしましょう」と決まっているところもある。

これ自体、何の生産性もない話だが、対応しないわけにもいかないし、下手に社内をうろうろされても面倒なので、苦肉の策としてやらざるを得ないのだ。

家庭は家庭で、定年後の旦那が家にいることがけっこう社会問題になっていて、妻たちの間では「主人在宅ストレス症候群」になる人が急増している。

旦那が働いているうちは、それなりに自由に楽しく過ごしていたのに、旦那が一日中家にいることで、外出しにくかったり、自分のペースで家事ができなかったりしてストレス要因が一気に増えてしまうのだ。

そんな日々が続いていたら精神的におかしくなっても不思議ではない。

団塊の世代が一気に定年を迎えた近年、主人在宅ストレス症候群が急増しているようだ。だから、世の奥様方も「あなた、ちょっと(以前勤めていた)大学へでも行ってきたら……」「たまには、会社の方々に挨拶でもしてきたほうがいいんじゃない?」などと元の職場へ出向くように水を向けることになる。

奥様方もやっかい払いしたいのだ。

そう考えると、定年を迎えた人(主に男性)たちはどこへ行っても邪魔者扱いされ、かわいそうではある。その根源は「ヒマで時間を持て余している」ことにあるように見受けられる。

▼老後のために「本当に必要な備え」

では、なぜ引退後の高齢者はヒマになってしまうのだろうか。

理由は明白で、その人にとって「仕事＝人生」になってしまっているからだ。

これは日本が抱えるけっこう深刻な問題で、この文化そのものを少しずつでも変えていかないと、世の中は「ヒマな高齢者」で溢れてしまう。そして、前述したような「ヒマだからこそ起こる問題」があっちこっちで勃発してしまうのだ。

没頭できる趣味を見つけるのでもいいし、私の知る大学の先生や学長のような人たちは、老害として組織に残るのではなく、もっと自分の勉強や研究をすればいいと思う。

あるいは研究者でなくても、自分なりに新しいことに挑戦したり、学んだりするのはとても大事なことだろうし、地域の活動をするとか、ボランティアを始めるという方法もある。

いずれにしても、欧米に比べて日本人（特に男性）は、第二の人生の過ごし方をまった

く と言っていいほど知らない。

男性でも平均寿命が八〇歳の時代なのだから、六五歳で定年を迎えても、まだ一五年もの年月が残っている。仕事以外のところでも、自分の人生をきちんと確立できなければ、最終的にはどこへ行っても邪魔者扱いされる寂しい余生が待っているのだ。

それも定年になってから準備を始めるのではなくて、四〇代、五〇代のうちから考え、少しずつでも準備を始めておかなければならない。

ワークライフバランスが大事だとは、もうずいぶん前から言われているが、本気でその準備をしなければ、時間を持て余す「困った老人たち」が世間に溢れてしまうことになる。

じつはこれは「上司という病」とも密接につながっている問題でもある。

「困った上司」「迷惑上司」の多くは、仕事以外の部分で自分の価値を認めることができず、不全感を抱えていると先ほど述べたが、「仕事＝人生」の人にとっては、職場で部下に偉そうにすることが、唯一の自分の存在証明になってしまっているようだ。

だからこそ「上司という病」を発症するし、立場や組織にしがみつく老害にもなる。さらに、引退したあとには、まったくやることが見つけられず、ヒマを持て余す寂しい高齢者になってしまうのだ。

これは決して他人事ではない。

しかし、もし仕事以外の部分で、それなりに充実した時間を過ごすことができていたら、あるいは、職場以外で親密な人間関係や自分を認めてくれるコミュニティーを持つことができていたら、その人の人生はもちろん、職場での言動も少なからず変わってくるのではないだろうか。

右肩上がりの経済成長期は終わり、「企業戦士」も「仕事人間」もまったく時代に合わなくなった。

そんな現代の日本においては、文化や意識、ライフスタイルや時間の使い方など、あらゆる面において「変わること」が求められているのである。

第7章

病に侵されないために——タイプ別・処方箋

▼優秀さほど〝反転〟しやすい

最後の第7章では、あなた自身がどのような「上司という病」にかかりやすいのかについて語ってみたい。

すでに述べている通り「上司という病」はある特定の人だけがかかるものではなく、どんな人でもかかる危険性がある。

つまり、あなたにとっても他人事ではないのだ。

そこで本章では「こんなタイプの人は、こんな上司になりやすい」「こういう性格の人は、こんな側面が危険」という具合に「現在と未来」をセットにして、さまざまなパターンを分析していく。

今のあなたは優秀な部下かもしれないが、その優秀さが上司になると思わぬ問題を引き起こす可能性だってあるのだ。

これから「さまざまなタイプの部下」を取り上げるので、「これは自分と同じタイプだな」「たしかに、自分にもこういう側面がある」などと考えながら、「自分は、こういう上司になる危険性があるのか……」ということをチェックしながら読み進めてほしい。

どんな人でも「上司という病」にかかるリスクはあるが、「自分にはこういう危険性がある」ということをあらかじめ知っていれば、予防策として有効なはずである。

▼タイプ1　調整上手な人

最初に取り上げるのは「調整上手なタイプ」だ。

上司、部下にかかわらず、いろいろな人に話を聞いて、うまく調整をして、最終的にベストな落としどころを見つける。そういう能力に長《た》けた人がいるだろう。いろんな部署の人が参加するようなプロジェクトを仕切るとか、多くのクライアントや取引先と交渉するという場合に、力を発揮するタイプだ。

個人としては非常に優れた能力の持ち主と言える。

ただし、このタイプは「八方美人で、大事なことを決められない上司」になる危険性があるので注意が必要だ。

部下の時代に比べ、上司になるとはるかに権限も増え、決断しなければならない場面も増える。調整上手な人というのも、部下の時代は、上司の保護下で能力を発揮してきた可能性がある。厳しい局面でも上司が判断してくれていたからこそ、仕事がしやすかったという部分も、少なからずあるだろう。

しかし、自分が上司になったからには、そんな「いいとこ取り」は通用しない。

みんなの意見を聞くのはもちろん大事だが、場合によっては、そのうちの誰かに向かってはっきりと「ノー」を突きつけ、厳しい決断をあなた自身がしなければならない。

そのとき、しっかりした決断ができるかどうか。

上司として、大きな分かれ目になるところだ。

元来、このタイプは「みんなの意見を聞いて決める」という発想が強いので「最終的な責任は自分にある」ということを忘れてしまいやすい。責任の出所をあいまいにして、最終的な責任を取ろうとしないのだ。

もし、あなたがそんな上司になってしまったら、それこそ部下から信用されなくなってしまうだろう。

調整上手の人が上司になった際には、「自分で決めることの大切さ」と「それに伴って生じる責任」について強く、強く意識することが必要である。

▼タイプ2　世話好きな人

次に取り上げる「世話好きなタイプ」というのは、基本的に親切で、人のために動くことを苦にしないので、人から好印象を受けることも多い。コミュニケーション能力が高く、人脈も広いので、いろいろな場面で活躍するだろう。

もともと世話好きなので、部下思いで、面倒をいろいろ見てくれる上司になることは間違いない。部下が困っていれば手を貸すし、部下のためにいろいろな手配をしてくれたり、人を紹介してくれたりする。

じつにすばらしい上司だ。

しかし、ここで注意したいのは、老害のところでも述べた「人にいい顔をする」という側面だ。すでに述べた通り、「人にいい顔をする」「人の世話を焼く」というのは支配欲求の表れでもあることを忘れてはならない。

もちろん、あなたは「相手を支配してやろう」なんて考えているわけではなく、純粋な親切心からやっているのだろうが、もし自分の好意を無にするようなことが起こると、怒り出す人が多いのも「世話好きタイプ」の特徴だ。

「せっかく紹介してあげたのに、なんてことをしてくれるんだ！」「なんで、教えてやった通りにやらないんだ」「わざわざ手配してやったのに、どうして行かなかったんだ」「オレの顔を潰すなよ」などの言葉が返ってくるパターンである。

つまり、この反応こそが「相手を自分の想定通りに動かしたい」という支配欲求にほかならないのだ。

「自分はけっこう世話好きなタイプだな」「他人が喜ぶことを率先してやるタイプだ」と感じる人は、この部分を、ちょっとだけ注意しておいたほうがいい。

最近はＳＮＳなどを活用して、自身のネットワークを広げて「私は人と人とをつなげるのが大好きです」「ＡさんとＢさんをつなぐことで、ウィンウィンの関係を構築するのが得意なんです」なんて人も多いだろう。

根本的には、このタイプも同じような危険性を持っていると考えたほうがいい。

その人自身に悪意や他意はないのだろうが、自分の想定通りにことが運ばなかった際、「どうしてだよ……」「せっかくやってあげたのに……」と気分を害してしまう人が多い。

結局それは、その人のなかにある「隠れた支配欲求」が満たされないせいなのだ。

▼タイプ3　考えがブレない人

次に取り上げるのは「自分の考えが一貫していてブレない人」だ。

このタイプも原則的には優秀であることが多いだろう。

仕事に対する熱意や信念を持っている人が多いだろうし、そもそも一貫した考え方ができるというのは自分の思考が整理されている証拠でもある。

しかし、誰もが容易に想像できる通り、このタイプが上司になると「自分が絶対正しい」「周りの意見を聞かない」というパターンに陥る危険性が高い。

もっと言えば、「何でも自分で決めてしまう」という上司になっていく危険性が高いのだ。

私の知り合いの医師にも、まさに「ブレない人」がいて、初めは大学病院の勤務医をしていたのだが、その後開業医になって三〇年以上たつ先生がいる。

もともとは優秀な先生だったのだが、やはり開業医になると、新しい医療の知識や技術に触れる機会がかなり減ってしまうので、時代の流れについていくのがむずかしくなる。

そこへきて、その先生は「ブレない性格」（言い換えれば、他人の意見を聞けない頑固な性格）だったので、人から注意されても聞く耳を持たなかった。

じつは、これは非常に危険なことでもある。

たとえば、今の研究では耐性菌ができていて効果が出ないことがわかっている抗生物質とか、古いタイプの抗うつ剤とかを使用して、さまざまな問題が出てきていたのだが、本人はそれを改めようとしない。若い医師に指摘されようものなら、「オレは何年医者をやってると思ってんだ！」と怒鳴り散らす始末。

医師という職業柄、そんな態度では深刻な問題に発展しかねないのだが、開業医として独立している以上、もはやどうすることもできないのだ。

この先生の場合は上司という立場ではないが、「一貫してブレない人」が上の立場になり、周りからの意見を聞かなくなってしまうと、暴走して孤立してしまうことがけっこう多いようだ。

冷静に考えてみれば、「自分の考えが一貫していてブレない」というのは、リーダーとしても大事な資質の一つなので、そういう人がリーダーに選出されることは多いだろう。

しかし、その裏側には「他人の意見を聞かない」「何でも自分で決めたがる」「時代から取り残される」などの危険が潜んでいることも十分に理解しておいてほしい。

▼タイプ４　思慮深い人

次は「思慮深い人」について考えてみよう。

このタイプはじっくりものを考え、慎重に行動するので大きなミスをしないという長所を持っている。これはプレイヤーとしても、リーダーとしても美徳の一つだ。

しかしその半面、「決断力に欠ける」という弱点を持っていることも忘れてはならない。

これは表裏一体のようなもので、「じっくり考えるからこそ、決断が遅くなる」というセットの関係ともいえる。

ただし、上司やリーダーとなったからには、その決断力のなさが大きな問題に発展する可能性は高いだろう。

私がまだ研修医だった頃、ある指導医の先生についたのだが、この先生が典型的な「思慮深くて、決断できない人」だった。すごく真面目な先生で、研究実績も十分なのだが、とにかく決断ができない。

あるとき、精神科に入院している患者さんが熱を出したことがあった。普通に考えれば、抗生物質を点滴しなければいけないケースだ。

ところが、この先生は「この薬を使って副作用が出たらどうしよう……」「この薬はどうだろうか……」と一時間も、二時間も考え込んでしまったのだ。

研修医の私たちに「薬剤部へ行って、薬の説明書と効能書きをすべてもらってこい」と持ってこさせて、今度はそれを読みながら、「ああでもない、こうでもない」と熟考していた。

そもそも薬の効能書きというのは、製薬会社が何か問題が起こったときに訴えられないようにするために、「こんなリスクがある」「こんな可能性もまれにあります」というふうにこと細かく記載したものだ。そのすべてについて熟考し、検証していたら、時間がいくらあっても足りなくなってしまう。

そうこうしているうちに別の先生がやってきて、「すぐに抗生物質を投与しなきゃダメだ」と言って、点滴をして、熱が下がったということがあった。

決断できない医師というのは、本当にやっかいだし、はた迷惑だ。

医者に限らず、どんな職業でも「決断できないリーダー」というのは、同じような問題を起こしがちだ。

こういうタイプは、はっきり言えば頭でっかちなのだ。

心理学的には「失敗を異常に恐れる」というタイプで、学生時代から勉強ができて、決められたことを、決められた通りにやるのが得意だった人に多く見られる傾向だ。

日本の教育現場では「チャレンジして失敗した経験」より、「失敗をせず、そつなくやっていくこと」のほうが高く評価されがちなので、「思慮深く、決断できないリーダー」が量産されるのも必然なのかもしれない。

▼タイプ5　責任感が強い人

さて、次に取り上げるのは「責任感が強いタイプ」だ。

「責任感が強い」というのは、リーダーに欠かせない非常に大事な要素なので、このタイプはもっともリーダーにふさわしいと言えるのかもしれない。

「最後は自分が責任を取るから、思い切ってやってみろ」というのはリーダーとして一つの理想の姿だろう。

しかし、このタイプは、責任感が強いばっかりに「何でも自分でやってしまう」「他人に任せられない」というふうになりやすいことも忘れてはならない。

最終的な成果や結果に対する責任感が強いので、つい自分でやってしまう。また、責任感が強い人は「自分がいないと始まらない」と思っていることが多い。総じて自分を過大評価しているのだ。

そういうリーダーほど、部下を信じて権限委譲することができない。また、途中で余計な口出しをするし、「あとは私がやっておくから」と部下から仕事を取り上げてしまうことさえある。

もちろん、上司としては「自分なりのベスト」を尽くしているつもりなのだ。しかし、知らず知らずのうちに部下を傷つけ、彼らが不満を募らせていることも少なくない。

また、これはちょっと微妙な話だが、「責任感が強い人」と「最終的に責任を取ってくれる人」というのは必ずしも一致しない。

というのも、責任感が強い人の中には「自分がこの仕事に携わるからには、これくらいの成果を出さなければいけない」という思いの強い人がいて、その目標に到達しなかった場合、その結果を自分の責任として受け止められない人がいるのだ。

たとえば、営業部での売り上げ目標が月に一〇〇〇万円だったとする。当然、部門長はその金額を達成する責任を担っている。

責任感が強い部門長は、部下たちに発破《はっぱ》をかけ、さまざまな方策を講じて、なんとか目標をクリアしようとする。

ところが、目標が未達に終わると、「自分が関わっている限り、そんなはずはない」「それはきっと、〇〇さんがうまくやれなかったせいだ」というふうに責任転嫁することがままあるのだ。

個人として仕事をしているうちは、自分の責任でほとんどすべてが完結するので「責任感の強さ」がマイナスに作用することはほとんどないだろう。

しかし、ひとたび上司になると、部下の仕事ぶりによって自分の成果も評価も変わってくるという現実に初めてぶち当たる。

そのときに「責任感の強さ」が裏目に出て、部下たちを過度に責め立てる上司もけっこういるのだ。

これもまた、とても大事なことなので「自分は責任感が強い」と思っている人はぜひとも肝に銘じておいてほしい。

▼タイプ6　職人気質の人

次に取り上げる、いわゆる「職人気質で、完璧主義の人」も個人としては非常に優秀なケースが多いだろう。

自分の仕事に誇りと責任を持っていて、仕事の完成度は高い。上司から見れば、これほど信頼して仕事を任せられる部下はいない。

しかし、完璧主義の人が上司になると「同じ厳しさを部下に求める」という問題がほぼ必ずといっていいほど起こってくる。

考えてみれば、当然の成り行きだ。

伝統芸能を引き継ぐとか、漆器や西陣の着物をつくるという本物の職人の世界であれば、そういう厳しさはむしろ必要なのだろうが、いわゆる一般の仕事において「自分と同じ厳しさを他人に求める」というのはいささか問題が多い。

完璧主義の人というのは「このレベルに到達するためには、時間も、労力も惜しんではならない」という思考の持ち主なので「部下の時間を考慮できない」という問題もはらんでいる。

この問題がむずかしいのは、基本的には上司が言っていることが正しいので、部下が追い詰められてしまうからだ。

たとえば、あなたが「八〇点と一〇〇点のどちらかを目指すとしたら、どっちがいいと思う？」と上司に聞かれたら、どうだろうか。

そんな質問をされたら「一〇〇点です」と答えざるを得ないだろう。一〇〇点と八〇点だったら一〇〇点のほうがいいに決まっている。

すると、上司は「じゃあ、途中で妥協しないで一〇〇点を目指そう」と当たり前のように言うだろう。

論理としては、たしかに正しい。

しかし、一〇〇点を目指すために何百時間もの残業が続き、肉体的にも、精神的にも疲弊してしまっていいのだろうか。

部下としては非常に厳しい状況だ。

▼タイプ7　器用で何でもできる人

さて、最後に取り上げるのは「器用で、何でもこなしてしまうタイプ」だ。

頭が良くて、要領も良く、何をやってもそれなり以上にやってしまう人が、どんな職場にもいるだろう。もしかしたら、組織の中でもっとも評価されやすいのは、このタイプかもしれない。

もともと器用なので、上司になってもそれなりにうまく立ち回る人が多いのだが、中には問題を引き起こす人もいる。

よくあるのが、何をするにも「自分のほうがうまくやれる」と思ってしまうという問題だ。

もともと上司は、部下よりも経験豊富なので（まして器用なタイプともなると）部下に比べて仕事がスムーズにできるのも当然だ。

ただし、そんな上司の思いが透けて見えてしまうのはいかがなものか。

「オレならもっとうまくやれるんだけどなぁ……」「どうして、こんなに時間がかかるのだろう……」と思っている上司になんて、誰もついて行きたいとは思わない。

そのため、個人としては優秀だけど、リーダーやマネジャーとしては失格という典型的なパターンにはまりやすい。

また、どんなに器用な人でも「あらゆる仕事が一番できる」なんてことはあり得ない。人にはそれぞれ特長なり強みなりがあって、その強みを上手に引き出し、チームとしての総合点を高めていくのがリーダーの仕事だ。

世間ではよく「ゼネラリストとスペシャリスト」という分け方がされるが、本来的には、リーダーとか上司というのはゼネラリストの仕事と言える。学校の成績が総合的にいいのもゼネラリストタイプだし、企業で出世していくのもゼネラリストだ。

ゼネラリストがリーダーやマネジャーになっていくのは、組織運営として正しい姿である。

しかし、「自分は何でもできる」「自分がやったほうが早い」と思っている人は「自分がゼネラリストとしての仕事を担っている」ということを根本的に忘れてしまっている。

本来、ゼネラリストは、スペシャリストたちの能力を上手に引き出し、チームとしての価値を最大にすることを求められているはずだ。

ところが、そんな大事なミッションを忘れて「自分のほうがうまくやれる」と思ってしまっているのだから、リーダーやマネジャーとしては失格なのだ。

「自分は器用で、何でもこなせる」「何をやっても人並み以上にやれる」という人は特に、自分はゼネラリストであって、スペシャリストではないんだということを、正しく認識すべきである。

おわりに

精神科医として患者さんの話を聞いていて驚くのは、職場での悩みのほとんどが人間関係に関するものだということだ。とくに「困った上司」や「迷惑な上司」に理不尽な要求をされたり、振り回されたりして悩んでいる方が非常に多い。

そのせいで、まず動悸、蕁麻疹《じんましん》、吐き気、食欲不振などの体の症状が出現して病院で検査を受けるのだが、異常は見つからない。そのため、「精神的要因が強いのではないか」と言われて、われわれ精神科医の診察を受けることになる。

心身に不調をきたすほど追い詰められているのだから、上司から受けるストレスは相当強いのだろう。そういう方の話を聞いていると、唖然とすることが少なくない。そこで、こうした上司の〝暴走〟は、その人物の個人的な性格によって引き起こされる問題なのだろうか、それとも上司という立場にあるがゆえに引き起こされる構造的な問題なのだろうかと考えたことが、本書執筆の動機になった。

もちろん、私自身も、病院や大学などで「困った上司」とか「迷惑な上司」とかに出会ったことが何度もある。院長、教授、学長などと聞くと、世間では賢くて人間的にも優れた人物のように思われるかもしれないが、そんなことはない。本書でも紹介したように、「困ったちゃん」が少なくない。さすがに、全部ありのままに書いたら私が名誉毀損で訴えられかねないので、手加減したことを最後に告白しておきたい。

私自身の経験から言えるのは、そういう上司を変えることはできないということだ。だから、「過去も他人も変えられない」と肝に銘じるしかない。

これは、「あきらめる」ことでもある。「あきらめる」なんて言うと、ネガティブに受け止める方が多いかもしれないが、そういう捉え方は今すぐ捨てるべきだ。「あきらめる」ことは、「明らかに見る」ことにほかならない。「困った上司」も「迷惑な上司」もそんなに簡単に変えられないという現実をまず「明らかに見る」ことが必要だ。そのうえで現実を受け入れて、「賢いイエスマン」になるのである。

本書をお読みになって、あなたと上司の関係が少しでも改善すれば、そしてあなた自身は「上司という病」に侵されないように気をつけてくだされば、著者としてこれほどうれしいことはない。

本書刊行に際しましては、青春新書編集担当の中野和彦・編集長と北尾泰樹さん、そしてイイダテツヤさんに大変お世話になりました。心から感謝いたします。本当にありがとうございました。

二〇一五年　一〇月

片田　珠美

編集協力／イイダテツヤ
本文デザイン・DTP／エヌケイクルー

青春新書
INTELLIGENCE

こころ涌き立つ「知」の冒険

いまを生きる

"青春新書"は昭和三一年に——若い日に常にあなたの心の友として、その糧となり実になる多様な知恵が、生きる指標として勇気と力になり、すぐに役立つ——をモットーに創刊された。

そして昭和三八年、新しい時代の気運の中で、新書"プレイブックス"にその役目のバトンを渡した。「人生を自由自在に活動《プレイ》する」のキャッチコピーのもと——すべてのうっ積を吹きとばし、自由闊達な活動力を培養し、勇気と自信を生み出す最も楽しいシリーズ——となった。

いまや、私たちはバブル経済崩壊後の混沌とした価値観のただ中にいる。その価値観は常に未曾有の変貌を見せ、社会は少子高齢化し、地球規模の環境問題等は解決の兆しを見せない。私たちはあらゆる不安と懐疑に対峙している。

本シリーズ"青春新書インテリジェンス"はまさに、この時代の欲求によってプレイブックスから分化・刊行された。それは即ち、「心の中に自らの青春の輝きを失わない旺盛な知力、活力への欲求」に他ならない。応えるべきキャッチコピーは「こころ涌き立つ"知"の冒険」である。

予測のつかない時代にあって、一人ひとりの足元を照らし出すシリーズでありたいと願う。青春出版社は本年創業五〇周年を迎えた。これはひとえに長年に亘る多くの読者の熱いご支持の賜物である。社員一同深く感謝し、より一層世の中に希望と勇気の明るい光を放つ書籍を出版すべく、鋭意志すものである。

平成一七年

刊行者　小澤源太郎

著者紹介
片田珠美〈かただ　たまみ〉
広島県生まれ。精神科医。京都大学非常勤講師。大阪大学医学部卒業。京都大学大学院人間・環境学研究科博士課程修了。人間・環境学博士（京都大学）。フランス政府給費留学生としてパリ第8大学精神分析学部でラカン派の精神分析を学ぶ。DEA（専門研究課程修了証書）取得。精神科医として臨床に携わり、臨床経験にもとづいて、心の病の構造だけでなく、社会の根底に潜む構造的な問題まで精神分析的視点から分析。『他人を攻撃せずにはいられない人』『プライドが高くて迷惑な人』（共にPHP新書）、『一億総ガキ社会』（光文社新書）など著書多数。

「上司《じょうし》」という病《やまい》

青春新書
INTELLIGENCE

2015年11月15日　第1刷

著者　片《かた》田《だ》珠《たま》美《み》

発行者　小澤源太郎

責任編集　株式会社プライム涌光
電話　編集部　03(3203)2850

発行所　東京都新宿区若松町12番1号 〒162-0056　株式会社青春出版社
電話　営業部　03(3207)1916　振替番号　00190-7-98602

印刷・中央精版印刷　製本・ナショナル製本

ISBN978-4-413-04468-4